印度智慧書

認識《薄伽梵歌》的第一本書

楊逢財、江信慧
㊔

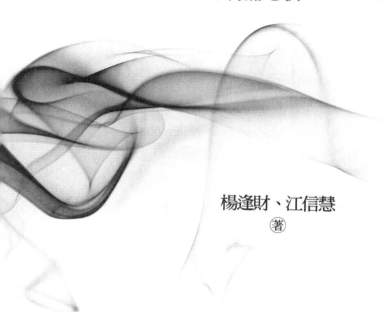

僅將此書獻給我們的靈性導師

塔茂・奎師那・勾斯瓦米

（His Holiness Tamal Krishna Goswami, Srila Gurudeva）

以及他的靈性導師

聖帕布帕德

（His Divine Grace A.C. Bhaktivedanta Swami Prabhupada）

在我們研讀及實踐《薄伽梵歌》的過程中，

曾得到許多的引導和啟發，衷心感謝：

His Holiness Bhakti Vighna Vinashaka Narasimha

His Holiness Bhanu Swami

His Grace Krishna Baladeva & Svasti Prabhus

His Grace Atul Krishna Prabhu

願「國際奎師那知覺協會」的奉獻者，

滿意我們的服務，繼續給我們仁慈！

〈推薦序〉

實踐《薄伽梵歌》的智慧

十八世紀時，《薄伽梵歌》首次從古老的梵文翻譯成英文，立即在歐美的知識份子之間造成相當大的轟動。直到今天，《薄伽梵歌》仍然受到極大的歡迎，被翻譯成無數的語言，包括中文在內，並且風行全球。事實上，我們也觀察到《薄伽梵歌》是全世界翻譯版本最多的三大經典之一。（另外兩個是老子的《道德經》和希伯來─基督教《聖經》。）

為什麼《薄伽梵歌》會受到如此廣泛的閱讀和尊崇？本書的寫作宗旨已完美地回答了這個問題。《薄伽梵歌》的原始經文若無合適的人指導，就很難正確理解，但本書作者的呈現方式讓《薄伽梵歌》變得容易親近，讓人閱讀愉快。同樣重要的是：本書也建議讀者善用《薄伽梵歌》的智慧，以務實的方式應用在日常生活中。因此我們可以推論說：本書既呼應也符合《薄伽梵歌》的本意，那就是：要讓一般人都能理解、修練並覺悟這些人生問題的深奧真理，以及印度的瑜伽傳承對這神聖典籍所詮釋出的終極真實。

瑜伽的哲學和修練發源於古印度。近年來，瑜伽以數不清的形式在全世界的許多地方大受歡迎，包括了台灣、大陸和東亞等其他地區。然而，很可惜的是，這種流行絕大部分是由於瑜伽修練中關於身體健康等比較表面、短期的利益，而非因為瑜伽修練中較深入且長久的目標。

事實上，許多修練不同瑜伽派別的人，竟然不知道瑜伽的深層意義和目的正是：「靈性」的轉化提昇，以及把握「人身」追求人生的完整與完美。在研究《薄伽梵歌》和本書這必備的姊妹作，在分析五大核心主題或五項真理時，首先都要有理解的意願；這意謂著要先「去除」種種「誤解」——也就是那些一直捆綁（連結）我們，並帶來不幸痛苦的虛幻假象。這種「去除誤解」，或「從虛幻假象中鬆綁」是第一步，然後才能走向適當的「連結」（「瑜伽」一詞的原義），也就是「靈體」（真正的自己）與「終極源頭」的連結。而《薄伽梵歌》的最後一個詩節指出，「終極源頭」正是 yoga-isvara ——「瑜伽的主人」。

一般而言，在東亞，特別是台灣、大陸地區，人們對於佛教相當熟悉。但是，許多華人不知道佛教係起源於印度，數百年後才傳播到亞洲其他地區。大部分的人也不瞭解佛教和更早的靈修傳承之間的關係，以及佛教是如何從這些傳承中延續下來的（某種程度上是修正）。意義重大的是，《薄伽梵歌》指出並開啟了原初的靈修傳承；更為重要的是——重新確認「靈體」（atman）是永恆存在的真理：「靈體」是真正的生命體，而「身體」則從屬於靈體，它只是短暫的、外表的覆蓋，或說是靈體的交通工具而已。熟悉佛教哲學的讀者也許知道，在佛教的傳統中一般都否認「靈體」的存在（anatmavada）；所以，這是與《薄伽梵歌》的哲學，很基本、也影響深遠的重大差異。同時，敏銳的讀者會發現這兩者之間也有許多共同點。如前所述，因為佛教自印度早期的靈修傳承演變而來，所以，彼此之間肯定存在著可辨識的「家族血緣關係」，這點應該要加以承認。

在香港中文大學任教這兩年以來，從我自己無可否認的有限經驗中，我看到雖然目前人們對瑜伽的注意力仍停留在表面的事物上；但是，對瑜伽傳承背後的觀點和文化之快速增加的開放態度，正逐漸受到重視。因此，我衷心歡迎本書的問世，它代表了回應這種開放態度的真誠努力。和以前極為不同的是，現在的我們都活在一個快速變化的時代，所以，我們有必要、也有義務，以全新的觀點，一起來善加利用《薄伽梵歌》的智慧，以便迎接全人類都要面對的個人和集體的挑戰。無論如何，我們都必須安排出時間以聆聽或閱讀這樣的智慧，並將此智慧吸收運用到我們的生活上。

本書的作者楊逢財先生和江信慧女士已投入研究、實踐《薄伽梵歌》的智慧多年，以我對他們的瞭解，我確信他們有能力以有系統又容易閱讀的方式，將這古印度偉大的寶藏如實地傳達出來。如今，他們的努力已經產出本書這珍貴的果實；有緣的讀者也可因此做好準備，閱讀到完整的《薄伽梵歌》，並從中得到完全的好處。

肯尼斯．華培博士 Dr. Kenneth R. Valpey（Krishna Kshetra Prabhu）

（本文作者為英國牛津大學宗教學博士，現任英國牛津大學印度研究中心／香港中文大學教授、「國際奎師那知覺協會」管理委員／啟迪靈性導師）

目錄

第三篇　改造命運的關鍵　133

第四篇　身心靈的全人觀　193

〈作者序〉

知識的祭祀、佈施、苦行

人必有一死。

再怎樣厲害的人，最後仍得匍匐在死神的腳下。

如果「死亡」不是任何一個人克服得了的，那麼，要如何面對或準備？生時能改造命運，死後能脫離生死循環，都取決於「當下的行動」。有力量避免「錯誤行動」，有勇氣從事「正確行動」，甚至能實踐「超然行動」，這需要有「真理」——「靈性知識」為依歸。

「即使你罪大惡極，只要登此知識之舟，就能渡過罪惡苦海。就像烈火把所有的薪材燒成灰燼，靈性知識之火會把所有行動化為灰燼。」(4.36-37)

「真理」，梵音 tattva，是《薄伽梵歌》等古印度經典的主題。

《薄伽梵歌》出自印度史詩《摩訶婆羅多》。很久以前，在印度北方發生了一場世界大戰。戰爭就要開打之時，正義的阿爾諸納王竟然「放棄行動」，不想打仗，薄伽梵——奎師那，就教導他瑜伽知識與絕對真理；最後，去除了疑惑的阿爾諸納，意志堅定地戰鬥，終於奪回失去的王國。

《薄伽梵歌》的知識——五項真理，教導我們全面地認識自己的身心靈、時間、物質世界和一切的源頭——奎師那，並使所有人都能依照自己的願望，採取適當的行動，達成自己的人生目標。

奎師那——「瑜伽的主人」，更教導我們修練瑜伽來「與祂連結」，以便超越「物質能量」，超越生死。若不是有至尊無上的具體目標，被「時間」迷惑的我們會看不清；深陷輪迴苦海的我們，也會抓不住那「唯一的」、「向上的」、「超越的」真正力量。

雖然，這場神聖對話的背景是久遠以前的印度，但是這些真理不是只屬於印度、印度人或只適合古代而已。奎師那所指稱的「你」，是所有的眾生。奎師那也沒有預設條件：認同靈性、願意提昇意識也好；只想努力工作，享受人生也可以！因為：所有人都在遵循奎師那的道路，只是途徑、方法不同而已。（4.11）

《薄伽梵歌》的真理超越時間、空間，不分國籍、種族、宗教、性別、貧富、貴賤，奎師那希望所有人都能從中汲取靈感和生命動能！然而，奎師那也說「這」是 raja guhyam，絕祕之祕，要真正瞭解祕密，說真的，也絕非買來、看過就能成就！

一九九五年筆者便已拿到英文版的《薄伽梵歌》，到如今，十四年的時光已匆匆流逝。現在回想起來，當時雖號稱「看完《薄伽梵歌》」，然而，事實上，沒有理解多少、也沒有什麼信心去實踐——直到遇見一位師徒傳承中的靈性導師……

正如奎師那在第十八章所言，研讀《薄伽梵歌》是一場「知識的祭祀」（18.70）。現代所謂知識普及，但，實際上卻是「假知識」的泛濫成災；無法提昇意識，也不能自然地強化品德與轉化氣質，而且，往往是使人加速墮落的居多。而奎師那親自講述的真理，要解救眾生的《薄伽梵歌》，在全世界的版本也有數百種之多，但能自然轉化、提昇讀者的卻也是屈指可數！

原因何在？這些作者是否領悟、實踐真理？或是「知而不能行」、言行不一？甚至還曲解經典與奎師那的話！

《薄伽梵歌》第四章提到，不同的人會從事不同的「祭祀」，而到最後，一切祭祀所帶來的真正成果應該是：找到一位真正的靈性導師——因為他是「洞見真理的人」（tattva darshina），向他詢問、服務、歸依，他就會把知識或真理傳授給你！（4.34）如果不能得到這樣的成果，種種祭祀、苦行、研究經典、心智推敲、自創功法都是盲修瞎練，人只能在物質亂象中繼續浮沉，自以為是地虛度一生。

《摩訶婆羅多》中潘度五子被放逐了十三年之後，仍需決一死戰，才得以收復國土，筆者自然比不上潘度五子；但是，在《薄伽梵歌》中十四年來的覺醒與成長，也是一場身心靈的革命。人生就是一場戰役，要征服、要淨化自己的「感官、心念、假我」和種種虛假的「物質能量」，要喚醒並保護「靈性真我」。經典和武器的梵文都是shastra，所以，「五項真理」（經典）是每一個追尋「真我」的「靈性戰士」必備的武器。要為覺悟真我而向物質幻象宣戰，要堅持與那絕對真理——超越生死的至尊目標同在！

這場追求真理、實踐真理的「知識的祭祀」，也是我們在智力、心念、感官上的「苦行」鍛鍊；如今之出版發行，更是真理的「佈施」！

祭祀、佈施、苦行是「信仰」的要件；「信仰」能賜予力量，伴人走過生死之間的起落動盪。探索《薄伽梵歌》五項真理的「祭祀、佈施、苦行」，不只是正確而超然的行動，也是筆者親身證悟的生命記錄。

謹以此書，與天下瑜伽知音共勉！願大家都能從本書引得「知識之火」，在提昇意識的旅程中燒淨一切罪，除盡所有苦，最終得到那衝破生死黑暗的絕對真理——愛　奎師那（Krishna Prema）！

※本書括弧中有兩個數字者，表示引用自《薄伽梵歌》的章、節。例如（4.36），表示第四章第三十六節。若為三個數字，則表示引用自《薄伽梵往世書》的篇、章、節。例如（6.1.45），意即第六篇第一章第四十五節。

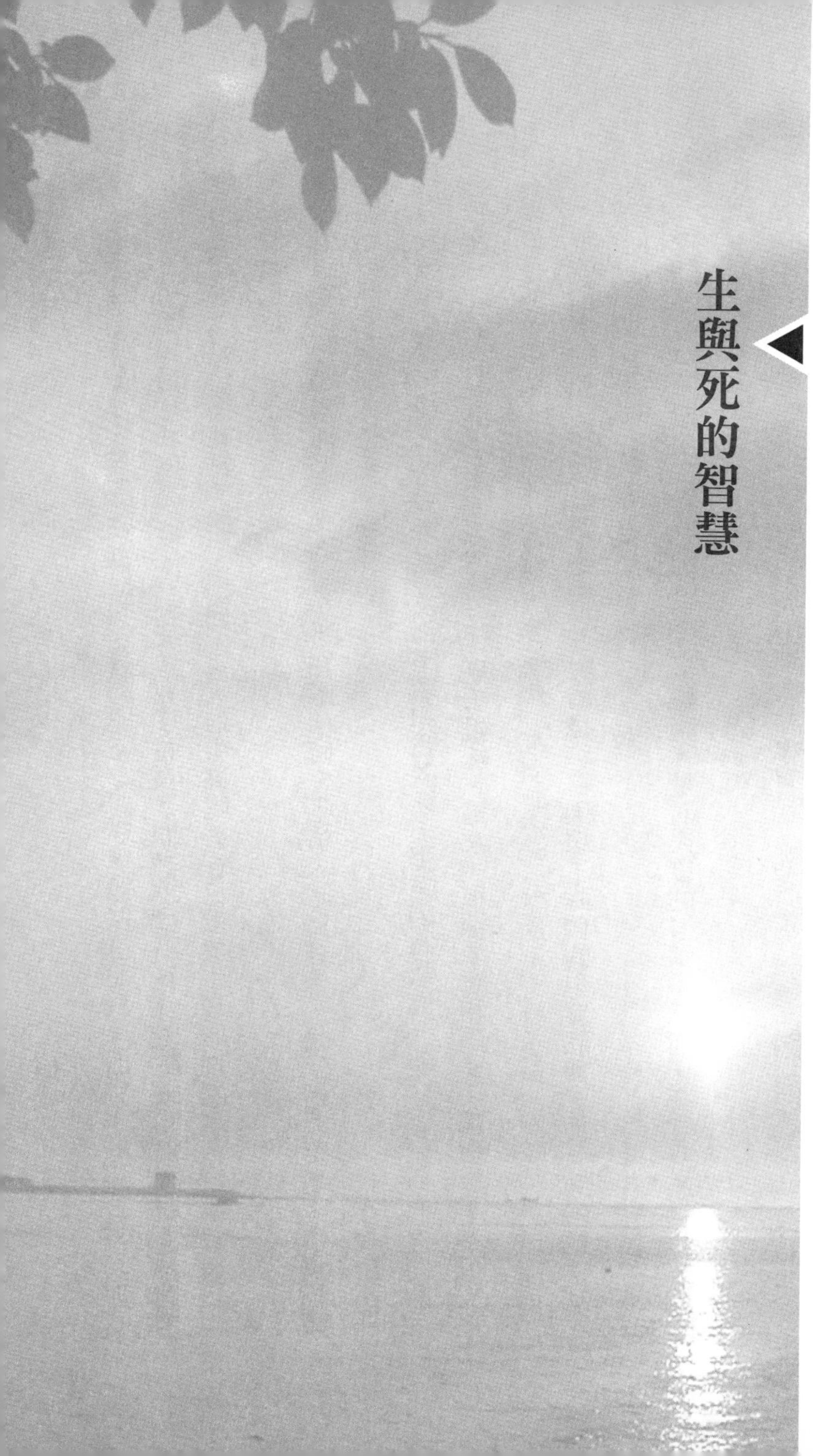

第一篇 生與死的智慧

「死」字在大多數人眼中仍是個禁忌。

情人用手指封住我的唇，不許提死。兒子拉長了語調「媽」的一聲，不許提死。朋友熱情地招呼我多吃點、多喝點，臉上堆滿了笑，口中高唱著往日歡樂；我多麼想讓他瞭解我時日無多，但他也說：「不許提死。」

但我知道，每當他們一轉過身，不在眼前時……情人暗自神傷，兒子指天罵地，朋友搖頭嘆息。

我也不想死。情人、兒子、朋友都不願和我談死，那是因為我一「死」，我和他們之間的一切都會「沒了」。父母子女、親朋好友、兄弟姐妹、男女，種種愛意和享受，都會沒了。

但是，不談死，死就不會來嗎？誰又能不怕死呢？

不管怕不怕死，死亡最讓人難以面對的是：它破壞了我們的現存狀態。而且死後的一切，有誰能說得準？誰說了算？

我們都傾向於把死亡看成是威脅，是黑暗，是討人厭的事情；然而，死亡只不過是一個自然現象而已。

也許，死亡更像是一場約會，人人都要輪流會見「死神」。

死神？

對，死神好比是某個很有名、很有力量、但你卻不怎麼熟的人物。幾乎全世界的人都認識美國總統；會見死神，就像是去見像美國總統這樣一位強人。不怎麼熟也沒啥大不了的，重要的是，你應該想一想，見到這樣一位大人物時，你該說些什麼，或做些什麼事前準備？難道，你要假裝沒這回事，等他找上門來再說？

我到底該如何去面對，又該如何去處理死亡呢？

第一章 死神的謎題

《摩訶婆羅多》是全世界最長的史詩，約有十一萬句梵文詩。「摩訶」意即「偉大的」，「婆羅多」意即「巴拉塔皇族」。表面上，其內容是古印度文明的歷史和教化；但實際上，它是作者——聖人維亞薩的一番美意。他看到這個時代的種種問題，要以故事的形式來闡述深奧的生死哲理和人生目標，讓所有人，不分智愚高下，都能全面受益。

★挑戰死亡的國王

奎師那說：「懲罰者中，我是死神。」（10.29）

這些宇宙古史中的人物涵蓋了天上神眾、世界帝王、人間英雄、聖賢先知、妖魔鬼怪等等。其中，記載了一段死神（閻羅王，Yamaraja）所出的謎題。

猜謎者是尤帝世提爾（堅陣，Yudhisthira），他是古印度皇族「潘度五子」中的長兄，他有「正法之王」（dharma-raja）的美譽，意即他有足夠的知識和智慧，可以達到人生完美。

因持國諸子的設計陷害，他曾帶著母親、弟弟們和妻子浪跡天涯。有一天，他們在某個森林中停下腳步，想找水喝。他的兄弟們一個個前去取水，但是卻沒有一個人回來。

最後，他只得親自前往查看。他在湖邊發現他們個個都躺在地上，身形樣貌依舊，卻已無生命跡象，他納悶不已。一見到湖水晶亮清新，便想先取來解渴。

突然，從空中傳來一個聲音說道：「先解出我的謎題，否則，你便要像他們一般，飲此湖水而死去。」

尤帝世提爾：「你問吧！不過請你先現身。」

發聲者於是顯現為一隻巨鶴。

★人生真理Q&A

尤帝世提爾耐住饑渴，聚精會神地解出巨鶴一道又一道的謎語。他們之間的問答定義了：

一切欲望（願望）的根本在於佔有欲。

邪惡是說別人壞話。

嫉妒是因為自己有苦惱。

驕傲是認為自己是唯一的行動者。

無神論是愚昧無知。

懶惰是不善盡自己的職責。
寬恕是容忍你的敵人。
慈悲是祝願一切眾生獲得喜樂。
耐心是控制自己的感官。

巨鶴又問：「什麼比地重，什麼比天高，什麼比風快，什麼比草多？」
尤帝世提爾：「母親比地重，父親比天高，心念比風快，憂慮比草多。」
巨鶴：「對一個男人而言，誰是神眾賜予他的朋友？」
尤帝世提爾：「賢妻是神眾賜予他的朋友。」
巨鶴：「人為何拋棄朋友？」
尤帝世提爾：「只因色慾和貪心，人會拋棄真正祝福他的朋友。」
巨鶴：「一個人所有的資產中，最有價值的是什麼？」
尤帝世提爾：「知識是最有價值的資產。」
巨鶴又問：「知識的終點何在？」
尤帝世提爾：「一切教育中的王者是關於絕對真理——神的至尊人格的知識。」
巨鶴：「何謂無知？」

尤帝世提爾：「無知是不瞭解真正的自己，因此也不知道自己的本質和賦定職責。」

巨鶴：「誰是最有用的幫手？」

尤帝世提爾說：「是穩定的智慧，因其讓人免於一切危險。」

巨鶴：「最好的沐浴是什麼？」

尤帝世提爾：「真正的沐浴是洗去心念的所有雜質。」

巨鶴：「大事如何能成？」

尤帝世提爾：「苦行讓人心想事成。」

巨鶴：「佈施給婆羅門、舞者歌手、僕役、國王的目的為何？」

尤帝世提爾：「分別是為了宗教、聲名、生計、免於恐懼。」

巨鶴：「什麼樣的人是真正的婆羅門（知梵者、知識階層）？」

尤帝世提爾：「要看個人的行動而定，而不是他的出身或學問。因此，婆羅門總是謹慎地採取行動。正確行動使人的一生平安順遂。不論一個人的身分是學生或老師，即使能引經據典，口若懸河，學位極高，一旦他累積惡習成癮，都應該被歸為無知的愚人。」

巨鶴：「什麼樣的祭祀（拜拜）是無效的？」

尤帝世提爾：「沒有佈施給婆羅門，這樣的祭祀無法帶來任何好處。同樣的道理，如果沒有訓練出好的統治者，那麼國家也不能為百姓謀福利。」

巨鶴：「什麼是真正的佈施？」

尤帝世提爾：「對眾生真正的佈施是讓他們具備知識，因而免於物質三重屬性的操弄。」

巨鶴：「什麼樣的人永遠活在地獄裡？」

尤帝世提爾：「若有人邀請婆羅門到他家裡，並承諾要佈施給他，但婆羅門到達後，卻又改口說不佈施了，這樣的人會永遠活在地獄裡。此外，若冒犯了神、祂的經典或祂的奉獻者，這樣的人也會永遠活在地獄裡。」

巨鶴緊接著問：「什麼是唯一的食物？」

尤帝世提爾：「牛奶是唯一的食物。因為牛奶可做成酥油（ghee），酥油乃一切祭祀的必需品。唯有正確的祭祀能帶來雨雲，風調雨順，使得土地中的種子萌芽，一切農作物便欣欣向榮。所以，一切糧食的根本原因在於牛奶，或說是其來源——乳牛。」

巨鶴：「最大的快樂是什麼。」

尤帝世提爾：「知足是最大的快樂。」

★人生的意義何在？

一直立於湖心中的巨鶴，接著又問了四個深具人生意義的問題。

巨鶴說：「什麼樣的人是真正快樂的？」

尤帝世提爾：「真正快樂的人每日親製飯菜點心，沒有債務，也不需離家才能賺錢。」

巨鶴：「人生真正的道路是哪一條？」

尤帝世提爾：「人生真正的道路不是用邏輯或推理就可以得到的，也不是從不同的經典中就可以找到答案的。而且，就算你遍訪名師，也求之不得。……人生真正的道路來自於神，因此要認清楚誰是神的純粹奉獻者，並追隨他的腳步。因為他已覺悟到神，已在為神服務，人生的真理就端坐在他的心中。」

巨鶴：「這個物質世界的真相是什麼？」

尤帝世提爾：「物質世界是個充滿愚昧與黑暗的地方，它好比油鍋。太陽是火，日夜是燃料，不斷行進的四季是攪拌的大匙，而時間本身則是主廚，祂用大匙輕推著油鍋中的眾生（你、我）。這便是物質世界的真相，也是這世間最真實的頭條新聞。」

巨鶴：「物質世界中最奇怪的事是什麼？」

尤帝世提爾：「這世間最奇怪的事是：每天，每天，我們都知道有無數的人死去，但大多數的人卻以為自己可以一直、一直地活下去，並且不斷用這樣的想法在行動！」

★尤帝世提爾王的智慧

巨鶴十分滿意尤帝世提爾王的精妙解答，他說：「王啊，現在你可以在你的弟弟們當中選一個，我會讓他復活。」

尤帝世提爾稍稍沉思後便選了四弟。巨鶴驚問道：「為什麼你不選陛瑪？或阿爾諸納？他們與你較親，是同一母親所生，而且他們也較有力量啊！」

尤帝世提爾說：「人若放棄品德，就會迷失自己。最高的品德是永遠不要帶給別人痛苦（不傷害、非暴力）。我之所以選擇四弟是因為，這樣的話，我自己的母親和二娘都有兒子活著，因此所造成的傷害也最輕微。」

巨鶴說：「王啊，你真正體現了『非暴力』的精神，超越了一己的私利和快樂，所以，我要赦免你的四個弟弟。」

能採取正確行動讓尤帝世提爾王成了最大的贏家。後來，巨鶴更應他的請求而揭露自己真正的身分。原來，這巨鶴是死神——閻羅王的化身。

閻羅王的梵文原義是「戒律之王」（yama-raja），所謂「戒律」即戒「不該做的事」或「錯誤行動」。

尤帝世提爾王又稱為「正法之王」（dharma-raja），「達爾瑪」即「正法」、「該做的事」，或「正確行動」、「賦定職責」、「信仰」、「宗教」。尤帝世提爾王其實是閻羅王的親生兒子。

生與死之間，人必得行動；「不該做的事」與「該做的事」便決定了一個人一生的價值！正確行動與錯誤行動的總和會造成最終的意識狀態，決定死後的去向。

尤帝世提爾王解開了死神所出的謎語，對全人類來說，意義重大。在這樣的困境中，穩定的智慧果真沒有背棄他，他的信仰也展現出真正的力量，讓他沉著應答，通過死神的考驗。

原來，死亡也像是人生的畢業考試。在人人必赴的這場約會中，死神是主考官，他會問你許多問題。通過的標準則在於是否真正瞭解並實踐「達爾瑪」（正確行動）。否則，便要像尤帝世提爾王的四個弟弟一般，在享受清涼甘甜的湖水之後，便要不知所以地失去意識，不明不白地死去。

閻羅王對尤帝世提爾深表滿意，這不只彰顯了後者一生對「宗教正法」的堅持，終於得以在死亡之際發揮力量，也算是死神對他的認可：因為尤帝世提爾王並非死守教條，而是真正深入正法的核心要義，真正活在正法之中。他遵循人生的行動原則，堅定前行。曾在特殊的情境中，決定接受朵帕蒂公主為他們五兄弟共同的妻子；也曾答應夜叉女的請求讓二弟與她一起生活；他曾說現代人對神的祈禱已成毒液。而且他反對種姓制度，認為決定一個人的身分不是看家庭背景，而是看他個人的行動。

Facts

不知死為何物！

死神一直都在，就在你我身邊。我們每天都聽得到關於死神的消息，事實上，也看得到死神出沒。時時刻刻都有人死去；愚人卻看不到自己也在死神的掌握之中，他以為自己不會死，而沉溺在工作或玩樂中。

許多研究氣功、瑜伽的人，或某些科學家、醫師，只要稍有進境或新發現後便宣稱：人可以戰勝病魔，也可以將死神踩在腳下。

然而，真相是：人只是物質世界中「受控制」的小小一份子。就連日月星辰也要按照一定的軌道行進；月圓月缺，花開花謝，所有生命體都被物質能量推動著，不斷地生死循環。只要觀察大自然，我們便能肯定「死亡是必然的。」

要是誤以為「人可長生不死」，卻在種種努力之後，仍要面對生死關頭，就在快要沒氣時，與死神四目相接，此時的恐懼可想而知。而這些以為可以逃避死亡的人，要如何回答死神的謎題？

大多數人是健忘的、有偏見的，總覺得死神只是來找別人而已，絕不會找上自己。

這真是人間最最奇怪的一件事！

你看，幾乎所有的人一聽到親朋好友的死訊，第一個反應都是：「這怎麼可能？」

面對他人的死亡，都已如此詫異，甚至於無法接受；那麼，在自己死時瞬間的「意識狀態」，又會是如何？

第二章　人生使用指南

《薄伽梵歌》是《摩訶婆羅多》當中的七百句詩，是尤帝世提爾王的三弟阿爾諸納王，與薄伽梵——奎師那的對話。第一句詩是：dharma ksetra kuru ksetra，意即「宗教正法之田．庫茹之野」。其中的第一個字「達爾瑪」在此解為「宗教正法」，這正是賦定職責、正確行動，也就是人生一切行動的根基，是你必須努力實踐的要務。

★《薄伽梵歌》的背景

《薄伽梵歌》是古印度歷史，也是講述人生哲學的《奧義書》，因此也稱為《瑜伽奧義書》，影響印度、東南亞各國及佛教之文化生活、哲學思想甚鉅。其內容主要是奎師那向其表弟阿爾諸納所開示的話語。當時已接近「鐵器年代」（Kali Yuga），人類的道德品性急遽地下降。

阿爾諸納是古印度「巴拉塔皇族」的帝王「潘度」的三子。潘度早逝，於是便由其天生失明的長兄「持國」暫代王職。無奈持國的長子「難敵」意欲篡奪皇位，持國竟也只稱自己的一百個兒子們為「庫茹族」（庫茹代表巴拉塔皇族的正統）。於是阿爾諸納這一方的五兄弟便被稱為「潘度族」。

潘度五子長大後，一個個都非常地出色，以「難敵」為首的庫茹族自小便敵視潘度族。但潘度五子能力強，又得師長喜愛、萬民擁戴，種種成就都讓庫茹族眼紅嫉妒。於是，庫茹族多次設下陷阱，意圖謀害，不過都沒成功。這些歷史表面上看起來是皇族之間的權力鬥爭，實際上並不僅止於此。

潘度五子並不想與庫茹族爭鬥，但因為是皇族身分，其賦定職責便是統治管理，所以最後只要求小小的五個村落做為其領地。然而，難敵一心與之對抗，所以嚴厲拒絕。連奎師那出面說和，庫茹族也不將其看在眼裡。於是，潘度族為求存活，戰爭已不可避免。

最後，奎師那只好宣布兩方可以選擇要「奎師那的軍隊」或「奎師那本人」。難敵搶著要「奎師那的軍隊」，而尤帝世提爾則毫不猶豫地選了「奎師那本人」。若從雙方陣營的人數來分析，難敵這邊霸占皇位已久，是其他小國屈從的對象；而潘度五子雖實為正統，卻迫於形勢，只有少數講道義的人護持，後來又只添上一位「奎師那」，而非其軍隊。看起來，這場世界大戰沒法兒打：雙方軍力明顯懸殊！

就在大戰爆發前，阿爾諸納要求奎師那為他駕戰車到「兩軍之間」，奎師那卻特意停在他最親愛的師長、兄弟、朋友面前。阿爾諸納眼見這些至親好友都在敵方陣營，他被心中突然湧現的「親情」打倒，並感到非常難過和困惑。他不只想臨陣脫逃，更失去活下去的信心和勇氣。因為不知該如何是好，所以他接受奎師那為導師，並完全地歸依，聽從指導。

阿爾諸納是奎師那純粹的奉獻者，當他將自己全然託庇於奎師那之後，他接受了奎師那所論述的「四大瑜伽之道」，釐清了正確行動和超然行動的原則。最後，阿爾諸納重燃鬥志，奮起作戰，最終贏得了勝利、榮耀、財富、名聲與永恆的解脫。

★《薄伽梵歌》的重心

全面地來看，《薄伽梵歌》中的知識可歸納成「五項真理」：神、時間、物質能量、你自己（眾生）、行動。其中，前四項是既定存在的，只能接受；最後一項——行動，則是你唯一能加以選擇、改變，並造就自己命運的！

以下表格是五項真理的內容，這不僅與前述死神的謎題之解答息息相關，也是本書的大綱所在，並延伸出其他根據《薄伽梵歌》而將論及的內容、主題。

真理	死神的謎題解答中有關《薄伽梵歌》的部分	本書其他內容及關鍵詞
神	一切教育中的王者是關於絕對真理—神的至尊人格的知識。反之，無神論將置人於黑暗的愚昧之中。真正的道路來自於神，因此要認清楚誰是神的純粹奉獻者，並追隨他的腳步，因為他已覺悟到神，已在為神服務，人生的真理就端坐在他的心中。	絕對真理的三個層次、梵光、超靈、薄伽梵、奎師那、永恆的信仰、超然行動、奎師那知覺、奉愛服務。
時間	時間本身則是主廚，祂用大匙輕推著油鍋中的眾生（你、我）。這便是物質世界的真相，也是這世間最真實的頭條新聞。	時間的強力循環、一切物質能量循環圈的源頭、四個年代、鐵器年代的預言。
物質能量	物質能量、物質三重屬性	業報法則、生老病死、生死輪迴。
你自己	佔有欲、色慾、貪心……，真正的自己、本質和賦定職責，心念的雜質、穩定的智慧	感官與心念、假我意識、靈性個體（靈體、靈性真我）、（真我）意識、知覺、「思考、感覺、願望」。
行動	信仰、祭祀、佈施、苦行、食物、快樂	社會四階層、人生四階段、錯誤行動、正確行動、魔性時代、心想事成

★相信真理、去除愚昧

真理是確切不移的道理，適用於所有人。

真理不是人為創造，也不會「越辯越明」。真理絕不是誰誰誰某日突然想出來的。唯有「神」超越時空，唯有「神」能透過經典教導人類永恆無瑕的真理。真理一直都在，也將永遠存在。《薄伽梵歌》的五項真理不會因時代變化就跟著改變！只要是人，就需要知道這些真理，因為這樣的知識是人生的使用指南。

無論你此生的意義、目的和願望為何，如果你不知道這個宇宙運作的基本法則（或名之為「遊戲規則」），那麼，你只能傻傻地在「快樂」和「悲傷」中浮沉，不知所終？或帶著「不完整」的知識解讀人生一切，而被重重困惑、虛幻與黑暗包圍。

不接受宇宙真理，不瞭解真正的知識，就算你自以為人生美好，你仍是處於「無明、黑暗」中。真理是光明，光明能驅走黑暗。無論你的人生如何起伏轉彎，只要你堅持與真理同在，光明必然照耀著你的心境，讓你真正體會品嚐人生真實滋味，而不是任憑命運捉弄擺布！

關於真理的知識，在《薄伽梵歌》中名之為「靈性知識」。

奎師那說，一位真正的靈性導師會傳授你靈性知識，此外，「在這世間，靈性知識最為純粹。只要修練無欲行動瑜伽一段時間，便可從內心自然獲得。」（4.38）這是真的，真理也存在於人生經驗中，行正道而不執著成果的人，真理會在他心中自然顯示。

奎師那又接著說：「對經典有信心，並且控制感官，你就能獲得靈性知識。獲得知識後，很快地就能免於生死輪迴。不知道經典，或知道經典卻沒有信心，或是有點信心卻懷疑自己能否達到目的，這些人都會毀滅。受懷疑折磨的人在今生或來世都將一無所有，也沒有快樂。」（4.39-40）

選擇相信，並接受《薄伽梵歌》的五項真理吧，你已閱讀至此，這便是降臨在你身上的機緣！人生需要行動，但更需要靈性知識的指引。藉著研究《薄伽梵歌》的五項真理，你才會有力量看清楚自己和所處的環境，不再迷惑；你才會有力量去把握有限的人生，去從事真正利益自己和眾人的行動！

奎師那說：「要以知識之劍斬盡因愚昧而起的疑慮，巴拉塔啊，你要接受無欲行動瑜伽的庇護，起身作戰吧。」（4.42）

誠心誠意接受《薄伽梵歌》五項真理的人，必定有好的開始，無論他的願望是什麼，他已經成功了一半！

第三章　意識決定一切

奎師那說：「人在離開軀體時，無論他想到什麼，他就會變成什麼。」(8.6)

如果生命只剩下「等死」，你還能做什麼？

如果必須陪著他「等死」，你還能做什麼？

人的一生中有不少「等待」，而且通常是虛度光陰的等待！如果沒有真實正確的、至高的人生目標引領，等待即浪費時間。

就好像大考前十分鐘，有人臨陣磨槍，也有人放棄掙扎而坐著枯等。如果無法「平靜」，也不知「提昇意識」讓自己專注，死命地K也只不過碰碰運氣、胡亂掙扎而已。

死亡絕不是結束；身體會壞掉，但真正的你（靈性個體）仍會活下去！

死亡之際的臨終一念、最後的「意識狀態」，將決定你下一生「如何活著」！

這一世的你藉「身、口、意」所做出的種種行動，就好像數學上的「＋－×÷」的運算，死時即為按下「＝」（等號鍵）的那一刻，而所顯示出來的最後數字、想法、結果，就成為你的「新身體」！而藉著新身體，你能夠以自己慣有的「意識狀態」，繼續完成上一世未了結的心願、未完成的夢想。

這是很棒的設計，不是嗎？

其實無需等到死亡降臨，人在年老時所展現的樣貌，基本上，就是他這一生行動的結果。年輕時重視打扮穿著，中年時注重保養抗老，到了老年，是否能覺悟到自己在身體上、外表上所投注的心神精力，終究是一場空？時間強勢地讓人老態畢露。而且，沒有練功、練氣、練精神、練靈性，人到老時的樣貌都差不多，都是慘不忍睹的。

我的好朋友法國奉獻者絲瓦絲緹（Svasti），曾暫住高雄。每天下午，她總是背著一大袋聖帕布帕德的靈性書籍，到大街小巷去派發。有一天，她回來後，眼睛瞪得大大地告訴我：「今天我看到了一個快死的人。真的，雖然她坐在輪椅上，但是從她的臉色、呼吸，我感覺她的日子已不多了。重點是，她的樣子，那張口吐舌的模樣，真令人震撼。唉，其實，那種喘息的樣子和聲音，真讓我聯想到一隻狗。我彷彿看到她的下一個軀體了……」

★沉淪的意識狀態

奎師那說：「我是欲望中繁衍後代的性慾。」（10.28）

地球是一個充滿「食物意識」的星宿。不只是人類，這裡所有的生命體幾乎一天到晚都在吃或睡。為了維持、延續生命，所有眾生都必須做四項基本的行動——吃喝、睡眠、防衛、繁衍，這是有物質軀體的眾生必做，或不得不做的事。

飲食男女可說是人情之常。不過，身為萬物之靈的人類，若一生也只是重複地在做這四件事，那，是否太可惜了？

因為，人的意識層次是萬物中最高的，若只從事基本行動，甚至於終其一生都只有飲食男女，那麼這樣的意識不僅無法提昇自己，而且會停滯在動物層級；而這樣的意識又會把你帶往下一個軀體——不一定是人類哦！

死亡是「靈魂」（靈體和精微體，參見一九五頁）離開舊身體，投入新身體的過程。但，一個只知身體的人，只在物質軀體（身體和精微體）上努力一生的人，在死前要如何說服自己：這個身體只是死物，只是臭皮囊？

「靈體」因為有「願望」而來到這物質世界；願望之中首推「佔有欲」和「控制欲」，人人都想自己做主！死亡過程的極致痛苦是要去除自己的佔有欲和控制欲，要拋下這已佔有、已控制了一生的物質軀體。

認為物質軀體是自己，稱為「假我意識」。「吃喝、睡眠、防衛、繁衍」這些行動不斷強化人的「假我意識」。雖然，年少之時可盡量予以滿足，然而，中年之後即應有所節制，並隨年紀增長而遞減。否則，不僅無法提昇意識，相反地，會不斷沉淪。

換言之，即使七十歲時仍具生育能力，但這已非此人生階段該做的事了。隨心所欲，做自己愛做的事，這絕非「自由自在」的真諦。相反地，因昧於人生真正的任務和職責，忽略正確行動，耽溺於飲食男女，反而會帶來惡報、捆綁自己，也會失去真正的自由與自在！

我們是否也該仔細觀察周遭的家人朋友，他們是如何生活、如何行動的？而年老時的身心狀態，又是如何？這是最簡單直接的觀察與實驗！我們都知道從成功的人身上，可以學習到寶貴的經驗；學習他們的行動原則，便可增加自己成功的機會。然而，卻很少人會注意到「成功的老人」！是怎樣的長者，在步向死亡的路上，真的輕鬆自在、怡然自得？

★昇華的意識狀態

奎師那說：「我是祕密中的沉默，智者的智慧。」（10.38）

蘇格拉底是我現在所想到的一個這樣的人——自在地赴死。當時七十歲的他被政府以「帶壞青少年」的罪名，而判處死刑。他可以逃走的，但是卻選擇遵守法律不當的判決。在學生與親人慌亂哀戚的氛圍中，他仍自在安心地飲下毒酒。七十歲已算是老年人，離死也不遠了，與其拋棄自己堅守的信念，做出違反一生所宣揚的事，只為了苟活幾年，那還不如這樣光榮地死去。

相較於開國烈士拋頭顱、灑熱血、在戰場上壯烈成仁；聖人如蘇格拉底、文天祥者，在牢獄中仍不改其志，在時間的折磨中仍然依照其信仰穩定前行，從容就義，那是很難很難的。是什麼樣的力量支撐著他？蘇格拉底有一重要主張，他說「靈魂」（soul）是永存的，人的生命意義便是要不斷不斷地改善靈魂。筆者認為蘇格拉底不只是哲學家或哲學之父而已，因為他能夠在生活上實踐他的主張，他已是一個瑜伽行者。他相信「靈魂永生」為真理，並藉著行動反覆強化此信仰，「信」到極深時，這樣的信仰便賦予他很大很大的力量。這力量大到讓他能「欣然」面對眾人感到極其可怕的危險——「死亡」。

其他人呢？你呢？

如果生命只是隨機碰撞下的產物，如果死亡只是一自然現象，那我們也可以選擇什麼都不必改善，只要隨心所欲，珍惜當下，享受人生，或渾渾噩噩地過一生。讓死神來找吧，找到再說。可是，這樣的話，希望在哪裡？你又能做些什麼讓明天真的更好？或讓自己沒白活？

如果你曾看到人在死前大多意識昏沈、思想混亂、行動慌張，如果你不想步上後塵，如果你相信自己體內真住著有「永恆的靈魂」，而靈魂是可以改善的，意識是可以提昇的。那麼，你的生活、你的生命才有希望，不是嗎？

事實上，是從「提昇意識」著手，你的「整個人，整個存在」才有可能發生根本的改變！

Facts

助念

臨終助念是盡人事，其做法如何或「有無必要」，似乎眾說紛紜。要集結眾人之力，還要懇求「上天、神、佛」的慈悲，把一個「不曾淨化、也不想提昇意識」的靈魂，送上法船、送上飛機，最後讓他到了彼岸或天堂。讀者不妨想想：此人的「意識狀態」是否真正符合「彼岸」的狀態，送他去彼岸，他住得慣嗎？待得下去嗎？若從靈性個體的獨立性而言，即使神、佛也無法勉強他的「自由意志」！

最終，任何一個生命體都要依照自己的自由意志，展現他自己的生命！

★意識——靈性個體的徵兆

奎師那說：「我是感官中的心念，眾生中的意識。」（10.22）

真正的你是「靈性個體」（靈體），以「意識」為特徵遍布全身。（2.25）

世間事物可分為兩類：「有意識」的靈性個體（靈體），和「無意識」的物質。

譬如說，桌椅無意識，而草木昆蟲是有意識的。陽台上的植物會自尋出路迎向陽光；螻蟻雖小，但若你找他麻煩，他也會全力抵抗。然而，桌椅不會向光，也不會因人捧打，便起而反抗。

因此，這兩者間的差別是「有、無意識」。換言之，有靈體進駐的物質軀體，就有生命現象、有意識，反之則無。

意識揭露了靈體的存在。桌椅等是物質，不是靈體，它只能是「客體」，不可能成為「有生命的主體」；桌椅沒有意識，所以它不會有生命經驗，也不會尋求生命的意義。

你（人）是「靈體」，你可以體會，可以經驗，你的存在自有意義。「生命」是你可以體會得到的，那不只是「活著」而已，你還可以深刻感受到「永恆的生命」。若你不是靈性個體，也沒有生命力的話，那麼你什麼也體會不到。

生命力也是物質世界的原動力。奧義書說：aham brahmasmi，「我是梵」。意即我是「靈性個體」，不是物質。當人真正覺悟到自己的身分、本質後，他才有穩固的立足點，他才能全面地發展潛力，善用物質軀體、大自然的資源和時間。

科學研究的是「物質」，但是科學界連稍稍精微的物質元素（如以太），就已經研究不出什麼東西了，更何況是真正精微的物質元素——「心念」（思想），或更接近靈體的「意識」？歸屬於社會人文科學的心理學，終究只能在物質層面上打轉，其說法也是人為臆測居多吧，絕對無法如《薄伽梵歌》般揭示出「意識」及其來源——「靈性個體」。

★意識與行動的循環

一九九二年夏天，我在美國密西根州大修習「消費者行為」的課程。整個暑假，除了游泳、騎腳踏車，就只修這門課，有相當多的時間可以博覽相關書籍。這門課其實講的就是心理學，探討人們外在行為的內在過程。當然，學習的目的是想要操控某些過程中的要素，進而達到廣告主和業者想要刺激消費的目標。

老師在課堂上所分析的「內在過程」，大概就是：廣告傳達特定的訊息，刺激消費者思想、感覺擁有這個產品或服務的好處，形成正面的（favorable）態度，最後付諸行動——消費。

知覺→思想→感覺→態度→行動（消費）

「知覺」來自於感官受刺激後，傳達給大腦的覺受，可是，應該還有更深一層的什麼……，於是，在圖書館挖掘了好幾天，終於讓我找到某教授的論文。他提出在知覺之前，有「意識」的存在和作用。但是，當我找我的老師討論時，她卻告訴我：「這位教授總是這樣，拋出了一個議題之後，就沒下文了。」我追問是否還有別人研究「意識」……，後來是不了了之。

沒想到我的「意識之旅」，竟在瑜伽經典中繼續未完的行程，而且終於獲得讓我滿意的答案。

有別於「消費者行為」課程，把「讓人掏錢出來買」這類的行動看做是結果；事實上，行動不僅僅是「思想、感覺、態度」的結果，行動本身更會產生與之相應的果報！報應現前，再度引人進入某一情境，慣性的「思想、感覺、態度」會促使人以慣性的行動回應，如此循環不已！

而瑜伽經典中也確認有「意識」的存在。事實上，帕坦佳里在《瑜伽經》中講到心理學的「意識」，而且，《薄伽梵歌》對它有更為深入的探索。

在身體感官表現出「態度、語言、行動」之前，你內在過程的演變是從「意識」開始的。

意識（狀態）→知覺→思想感覺→態度→語言行動→業報（外在刺激）------>

心想事成的關鍵是「行動」；一旦你真的做了什麼事，不管你願不願意，不論你知不知道，「業報」必然產生，也許未必馬上顯現，但是必將顯現。「業報」等外在刺激又會回饋給人，讓他的感官有所「感覺」，更進一步影響他的內在過程，如思想等。

但來自外在的「感覺」未必會促成「行動」！

譬如說，優良的讀書環境給人想要努力讀書的「感覺」，但是，未必真能坐下苦讀。舒適的睡眠環境給人美好放鬆的「感覺」，但是，未必真能放鬆入眠。戀愛給人刻骨銘心的「感覺」，但是，未必得到幸福。

為什麼？

因為「感覺」是「身體感官」的層次，只憑「感覺」不僅力量不夠，而且，「感覺」有時是「錯覺」！因為身體感官有局限，所以，「感覺」會出錯。也就是說，只是因為「覺得不錯」就去「做」，是危險的。

知覺是「感官心念」在「思想感覺」！廣告管理學企圖藉「刺激感官心念」去操縱人的「思想感覺」，目的在促使人消費。可是，「人」將被操弄，而成為感官的奴隸！拼命工作、賺錢、買東西、滿足感官，還被唬弄說「這就是幸福的滋味」！不幸的是，人們竟對此不「知」不「覺」！《薄伽梵歌》中提到：意識（狀態）是「生命」的象徵。「生命」不是物質（身體感官），而是靈性（真我）！

意識狀態有高低之別。意識狀態較高者，會認同自己是「生命」（靈性真我）；意識狀態較低者，認同自己是「身體感官」（物質），而活在「外來刺激與身體回應」的慣性模式中。商人引導人們不斷「消費」，這樣的行動被培養成習慣後會深入人的內心。消費者的思想、感覺、態度會被控制，而他的意識狀態自然也是物慾化的「假我意識」。所以，知覺（思想、感覺）也反過來在形塑意識狀態！

所以，「意識——行動」模式並非一直線，而是「一個循環的圓」。

也就是說，意識要沉淪，或提昇，要看你的「行動」而定！

你思想、感覺（知覺）之後所採取的行動，不只是根源於自己的意識狀態，也會反過來塑

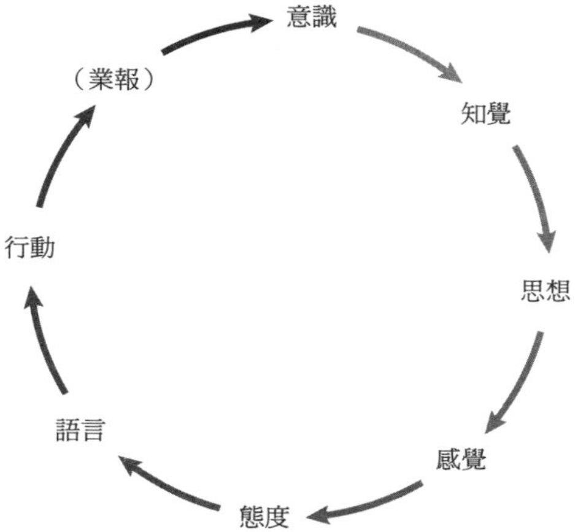

造你的意識狀態！如此循環不已。

善良正向的意識，會帶來善良正向的思想和態度，接著產生相應的語言、行動，這才是實現願望的前提！但這樣的意識需要去培養，而培養的方法就是正確的知覺和行動。

無論生死，人人都需要的是「更高的意識狀態」。眾生都被迫要行動，也都受制於時間和物質能量，但我們可以改變行動。事實上，唯有善用時間、改變行動、提昇意識，生時才可能心想事成，死時才得以自在解脫。

第二篇

時空中的人間萬象

奎師那說：「物質能量依照我的指示，生出有著動與不動的眾生之宇宙。坤媞之子啊，因此之故，眾宇宙一而再，再而三地顯現。」(9.10)

柴坦亞說：「若無思考、感覺、願望，知識和行動，就不可能有創造。是至尊主的意願，加上知識和行動帶來宇宙的創造。」註1（柴坦亞是奎師那在五百年前的化身。）

第四章　物質世界的創造

奎師那說：「我是宇宙的父親、母親、維繫者、祖父、知識的目標、淨化者、歐姆、梨俱、夜柔、娑摩韋達經。」（9.17）

「那被稱為物質能量的一片浩瀚是我的子宮。我在那子宮中播下種子——靈性個體（你）。巴拉塔的子孫啊，眾生的誕生都源自於此。坤媞之子啊，在這世間的所有子宮中所生出的一切形體，物質能量為其母親，我則為播種的父親。」（14.3-4）

「要知道，太陽、月亮、火燄照亮全宇宙；他們的光是我的光。」（15.12）

梵天的別名是「祖先」（Pitamaha），而奎師那有一個別名是「祖先的源頭」（Prapitamaha）（11.39）；換言之，奎師那是造物主梵天的源頭，是一切造物主背後的終極造物主。以上是奎師那在《薄伽梵歌》中對物質世界創造的概論。在《薄伽梵往世書》中則有更為詳實的記載。

整個創造是「靈性世界」，那兒洋溢著無盡的梵光和無數的靈性星宿，充滿永恆、全知、極樂。奎師那的居所名為「哥珞卡．溫達文」（Goloka Vrindavan），是靈性世界的至高點，但那靈

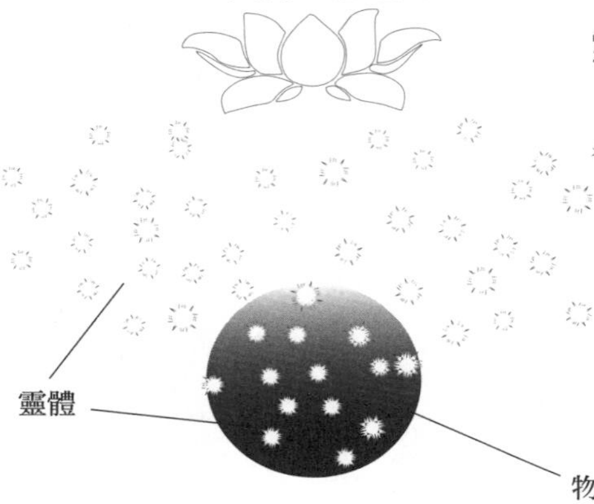

性天空中，有一部分被黑暗遮蓋，這便是物質世界。所以，物質世界也存在於靈性世界之中；只不過，物質世界是黑暗的，是真實靈性世界的虛幻倒影。

若將靈性天空分為兩部分：靈性世界和物質世界，那麼前者約占四分之三，而後者約占四分之一。

★原因之洋維施努

奎師那說：「我是阿帝提亞中的維施努，光體中的太陽，眾星中的月亮。」（10.21）

奎師那以「主宰化身」進入物質世界。主宰化身共有三種：原因之洋維施努、孕誕之洋維施努、牛奶之洋維施努。

奎師那首先化身為原因之洋維施努（或稱大維施努）（Karanodakashayi Vishnu, Maha-Vishnu），祂涵蓋了物質創造的一切要素。處於「瑜伽睡眠」狀態的大維施努躺臥在原因之洋——物質世界的底部。祂的一個瞥視便創造了物質世界中的一切。祂一呼氣便有無數泡泡般的物質宇宙，從祂的毛細孔中生出；祂一吸氣，便又將它們收回體內。原因之洋維施努揭示了物質創造的首要原則——呼氣與吸氣。

在創造之前，物質世界中只有大維施努一人，沒有五大元素（地、水、火、風、以太），也沒有發生什麼事。祂先用「時間」攪動「物質能量」，等到物質世界有一個雛型後，便將無數的生命體（靈性個體）注入於物質世界之中！物質世界好比是母親的子宮。在時間的孕育之下，萬物誕生。

在大維施努的呼與吸之中，整個物質世界、無數的宇宙、無數的梵天、無數的神眾與魔眾、無數的眾生，都在「創造、維繫、毀滅」的循環力量掌控下，不斷地生而又死，死而復生。

大維施努創造了物質世界，所以物質世界是祂的一部分，但是祂自己仍然保持不變。祂不費吹灰之力地維繫著物質世界的運作，為時很久很久很久；而當祂吸氣時，祂就將一切收回祂的體內，整個宇宙的運作便暫時告一個段落，直到祂的下一個吐氣。而每一次物質世界毀滅後，大維施努便回復獨自一人的狀態。

大維施努在靈性世界也有自己的居所（無憂星宿，外琨塔，Vaikuntha），而且有無數的維施努奉獻者與祂相伴，他們的靈性身形飾有寶冠和花環，過著完全無憂無慮的生活。

★孕誕之洋維施努

接著，大維施努擴展祂自己到每一個物質宇宙之中。處於無數物質宇宙中的祂，躺臥在孕誕之洋中，被稱為孕誕之洋維施努（Garbhodakashayi Vishnu）。

孕誕之洋是由祂皮膚所滲出的汗水而形成的。

梵天

奎師那說：「我是毀滅者中的希瓦，創造者中的梵天。」（10.33）

物質宇宙中的孕誕之洋維施努，朝自己的腹部看了一眼，便有一枝金色蓮花從祂的神性肚臍長出來。從那蓮花之心裡，梵天（Brahma）誕生。他端坐於花座之上，所以梵天也被稱為「蓮花生」。在每一個物質宇宙中都有梵天；梵天不是人名，是一職稱，是個別宇宙的創造者。我們這個宇宙中的梵天有四個頭（有人考證梵天即為四面佛、黃帝），而其他的宇宙則歸不同的梵天掌管。

一開始，梵天一人在無盡的黑暗中苦思：「我是誰？我要做什麼？」

後來，他冒險往蓮莖下攀爬。但是過了好久都一無所獲！精疲力竭的梵天，最後決定回到他出生的蓮花中，冥想入定。在冥想中他覺悟到自己肩負著「創造」的使命。可是如何創造呢？

不久，他聽到OM的聲音，此音一聲聲不斷擴散，充滿於虛空之中。終於，智慧女神莎拉絲瓦緹（Sarasvati）駕到。她說：「梵天，OM音已賦予創造物質宇宙所需的第一個元素——以太……」接下來，她傳授給梵天一首梵音祕咒，並要他專心唸誦，因為祕咒中藏有創造一切的知識和能力。後來，奎師那以祂超然的笛聲，啟迪了梵天，並讓他具備能力創造了日、月、神眾，和無數人類、動植物的物質軀體。

梵天的一個白日為期四十三億兩千萬年之久，他的壽命是一百歲，相當於人類的三百一十一兆四百億年，但這只是原因之洋維施努的一個呼氣。

★牛奶之洋維施努

奎師那說：「你要知道，過去、現在或未來的一切存在，無論如何的莊嚴吉祥，無論怎樣的光輝燦爛，都只是我的一絲微光。然而，這一切知識又有何用，我只用了我的極小部分——超靈，便支撐起整個宇宙。」（10.41-42）

大維施努擴展自己進入每一個宇宙，成為無數個孕誕之洋維施努。每一個孕誕之洋維施努又進一步擴展成為梵天、牛奶之洋維施努（Ksirodakashayi Vishnu）、希瓦，並分別掌管物質世界中「激性、善性、墮性」三重屬性，以及「創造、維繫、毀滅」的重責大任。

牛奶之洋維施努也稱為「哈瑞依」（Hari），在物質世界中掌管善性，負責維繫宇宙和眾生。祂的居所位於北極星。

奎師那的化身前來物質宇宙都是透過牛奶之洋維施努而來。這些化身降臨物質世界，是出於「祂自己的意願」，是為了神聖使命而來；不像所有被創造的眾生主要是因無法擺脫「時間」和「業報」的推動，而在物質世界反覆投生。

超靈

牛奶之洋維施努繼續擴展祂自己，進入每一個眾生心中，這被稱為是超靈（param-atma）。超靈是奎師那遍及萬有的擴展，是神在眾生心中的「局部展示」。

Facts 梵天與希瓦

雖然梵天和希瓦也參與物質宇宙運作的過程，但是他們的力量來自孕誕之洋維施努——奎師那的主宰化身。

梵天掌管「激性」，他創造物質軀體，讓生命體（靈性個體）投生。梵天自己則以全物質宇宙最強的「精微體」存在著；換言之，梵天是我們這個宇宙之中「心思最純、智慧最高」的生命體。

希瓦掌管「墮性」，負責毀滅。他頭上有弦月為記，月亮象徵著以月份計數的時間。希瓦的三眼，其梵文為 tri-kala-jna（三重—時間—知識，意即知道過去、現在、未來的事）。希瓦頸部的蛇象徵著以「年」計數的時間。祂身上的蛇與骷髏頭項鍊代表人類的繁衍、老化與毀滅。

第五章　人性善惡的真相

奎師那說：「善性、激性、墮性從物質能量衍生而出，它們將永恆的靈體捆綁在物質軀體之中。(14.5)

物質三重屬性所造成的人事物迷惑了全世界，……我的幻象由三重屬性構成，適合眾生享受取樂，卻難以超越。」(7.13-14)

「從遙遠的過去開始，眾生就一直受物質能量、受外在的事物吸引，他們完全地忘記奎師那。因此，眾生帶著自己的物質軀體，忍受著物質能量（瑪亞）給他們的各種災難。」註2

物質世界中有「物質能量」在作用。資源豐富的大自然、秀麗的山川、明媚的風光都是物質能量的呈現。

然而，物質能量也是幻象（maya），會欺騙你、迷惑你，偷走你的「智力」。「三重屬性」更是滿布於物質世界之中，深入你的心念智力，造成相應的意識狀態，促成你的行動。

換言之，有你看不到的力量在捆綁、驅使著你的「身心」，你絕非唯一的行動者。

★三重屬性控制一切

「要知道處在善性、激性、墮性的所有事物都來自於我。並非我在他們之中，而是他們在我之中。」（7.12）

屬性一詞的梵文是guna，它也有「繩索」的意思。換言之，屬性造成「傾向」，這樣的傾向有如繩索，將人捆縛於物質能量的不斷循環之中。

凡是物質，必會受以下三種屬性中某種或多種的操控：

1. 善性：sattva guna／中道／維繫
2. 激性：raja guna／衝動／創造
3. 墮性：tama guna／不動／毀滅

「靈性個體」（你）來自於奎師那，卻因有「願望」而投生於物質軀體之中，受制於善性、激性、墮性。三重屬性掌控的是你的物質軀體；你因完全認同於物質，不斷強化「假我意識」，而受制於三重屬性，自以為受了傷害，或去承受苦樂。

奎師那說：「我處在隸屬於我的物質能量之中，一次又一次地創造眾生。他們無法獨立存

活，而且受到因過去行動所導致的物質三重屬性所控制。(9.8)

物質軀體中的靈體（你）認為自己是這血肉之軀，因而享受著物質三重屬性所帶來的苦與樂。這是因為你接觸物質能量所致，而這也導致你投生於或好或壞的物種（軀體）之中。(13.22)

物質能量產生三重屬性，人間或天堂一切眾生都受它們控制，無一倖免。」(18.40)

奎師那說：「巴拉塔的子孫啊，激性和墮性消褪時，便由善性主導。激性和善性消褪時，便由墮性主導。墮性和善性消褪時，便由激性主導。這是三重屬性的運作方式」(14.10)

掌控三重屬性——善性、激性、墮性的分別是「牛奶之洋維施努、梵天、希瓦」。所有的人、眾生，上至天堂，下至地獄，整個物質世界中所有的物質軀體（包括身體和精微體）都受三重屬性控制、驅動。

三重屬性覆蓋住物質世界中的眾生（靈性個體），並操弄著、捆綁著他們。

三重屬性很難截然劃分開來，而是有重覆交疊現象的。但是，受某種屬性操縱較多時，便會表現出該屬性的徵兆。

你所從事的行動，所做的祭祀、佈施、苦行，所獲得的行動成果；你所追求的知識，所獲得的智力、決心、快樂，甚至是你愛吃的食物——這些都受三重屬性的影響。因為善性、激性、墮性在操弄著你和你的行動，行動後便會有相應的人事物來到你的生命之中。

善性帶來純潔與知識；激性使人貪婪，造成痛苦；墮性使人瘋狂、無知，沉迷於幻象。

孟子說人性本善，荀子說人性本惡；其實，這取決於你過去的行動，讓你今生一出世便比較容易受某種屬性的控制，而趨向於善或惡。

想朝向善性需要穩定的努力，但是要掉入墮性卻不費吹灰之力。

你想成為怎樣的人？

★善性之人

決定一個人是否上天堂（heavenly planets），不是宗教名分，而是「善性意識」。善性之人會獲得「真正的知識」；善性的活動則使人越來越純潔。

工作心態

善性之人平和純潔、悟性高，容易接近有益的事物（14.6, 14.16），專注力、警覺心也比較高，不會因受物質利益誘惑而行事。

他自然地接受靈性知識，避免錯誤行動，因而免於罪行、惡報。他樂於瞭解什麼是正確行動，願意吃苦，創造善行、福報（17.17）。

他知道什麼該做，什麼不該做；知道該害怕什麼，不需害怕什麼；知道什麼會造成束縛，什麼有助於解脫。（18.30）

他總是盡自己的職責，但不搶功勞；他有極大的決心和熱情，不會因成功或失敗就動搖（18.26）。他出於盡義務而行動，而且不執著於成果（18.9）。

什麼都無法粉碎他的決心。修練瑜伽時也很專注。他能控制自己的心念、生命之氣（呼吸），和感官的行動。（18.33）

人際關係

善性之人，尊敬老師、長輩、智者（17.14）。不傷害別人或擾亂人心，待人溫和親切。（17.14-16）。

他按照道德準則和規範行事，不執著於成果，沒有強烈的愛恨。（18.23）

他的人生觀是：雖然眾生有無可計數的軀體（物種），但能在眾生中看到全然相同的靈性本質。（18.20）

情緒

處於善性的智者，去除疑惑，實踐真棄絕，既不憎惡令他不舒服的職責行動，也不因為舒適愉悅就比較喜歡它。（18.10）

善性之人的快樂，初時苦似毒藥（因為要約束感官、心念），後來如甘露般甜美，能喚醒人覺悟自我。（18.37）

他知足快樂，享受著幸福感，或知識學問所帶來的優越感。但他也受「知識、快樂」捆綁制約，因而不斷生死輪迴。（14.6）

死亡投生

善性之人死後會到達崇拜梵天的人所居住的純粹星球。（14.14）

受善性主導之人，死後去高等星球。（14.18）

★激性之人

激性會使人有更多的「欲望」，變得「貪婪」。（14.17）

中庸之道或正確的心態是「不貪求」、「要知足」。只取自己所需的一份，不過度吃喝、不累積過多的錢財、不貪圖世俗的成就、也不貪戀感情。

但是，激性會產生欲望、貪婪，而且會讓你「自然而然地」為自己貪吃、貪杯、貪玩、貪心、貪戀、貪便宜，找到各種冠冕堂皇的理由！這些行動總和會帶來相應的意識狀態，讓激性之人得到與之相應的軀體。其實，也是成全了他的願望。

工作心態

激性是創造的原動力。

但受激性強力驅使的人執著於「經濟發展」和「感官享樂」，即使從事宗教活動，為的也是要獲得預期的果報。（18.34）為了滿足欲望，竭盡心力去做，非常在意所得到的成果。（18.24）他依戀妻小、家庭，為滿足他們而努力工作，甚至會無所不用其極。（18.27）

欲望會讓他只看得到所追求的目標。他的欲望一被挑起，就會再延伸出更多的欲望，而且他極度努力地追求，不到手絕不罷休！他的人生就是在死命地追逐一個又一個欲望。極度激情之人，與其說他很認真、很努力，不如說「他控制不了自己的欲望」，或說「他被欲望所掌控」。無窮的欲望雖然使他有工作的動力，卻也讓他不理智地衝動行事，或過度努力。（14.12）

因為太過努力、付出太多，所以他需要種種新奇刺激的享樂來安慰自己、犒賞自己。（14.12）也因為不斷地追求享受，所以，他很看重利益、成就、功德，也非常依戀執著。（18.34）他以為憑著聰明、才能和交際手腕，自己便是人人豔羨的對象，卻不知《薄伽梵

歌》對激性之人的預言是：「以痛苦不幸做終！」（14.16）

如果他不行動、不盡責，那是因為他覺得麻煩，或害怕自己的身體不舒服，也因此無法進步或提昇。（18.8）在任何活動中，他只要身體稍有不適、收入稍微減少，或因為沒有立即的成果，便會有所動搖。

人際關係

激性之人會在每一個不同的軀體內，看到不同的眾生（靈性個體）。（18.21）換言之，他的分別心很強，只看得到外表。他看不出來，人的物質條件也許不同，但是靈性本質是一樣的。

他會為了得到別人的尊敬、讚美或崇拜，而做一些表面功夫。（17.18）因為要滿足欲望，所以，他交朋友的依據，純粹是以誰能給自己帶來最大好處為前提。因為貪心，所以他不斷擴展人際關係，希望結交能為自己帶來名利的朋友，甚至會想辦法陷害或除去妨害他利益的人。（18.27）

情緒

對那些比他優秀，或擋他財路、妨害他享受的人，激性之人會有強烈的「嫉妒」、「仇恨」的情緒，而且容易隨歡喜或悲傷等心情左右自己，因此無法好好從事正確行動，很容易犯下錯

誤。(18.27)

他無法辨識什麼是宗教，什麼是非宗教；也分不清楚什麼該做，什麼不該做。(18.31)

他的快樂來自於身體感官與「感官對象」的接觸，初時如甘露，後來卻成了毒藥(18.38)。好比情侶陷入熱戀時，感情甜如蜜；最後因種種因素要分手時，卻撕破臉，大打出手……非常痛苦、難過。

死亡投生

激性之人死後會投生在「執著於工作」的人家。(14.15)

受激性主導之人留在凡人的世界。(14.18)

★墮性之人

墮性的成果是瘋狂、幻象、無知(14.17)，以瘋狂為樂事。若你在身體上、情緒上、精神上有種種問題，旁人會因為可憐你而給予救濟物資或捐款；但是，他們無法告訴你說：「你受墮性捆綁太深！」墮性即愚昧！要承認自己「受愚昧操縱」，這真的很難！

但是，如果不能承認自己的無知、瘋狂、胡作非為，也看不出現在的疾病、痛苦、貧窮是墮性的結果；那麼，暫時的外來支援也只能緩解症狀，但內在的病因卻完全找不到，也沒法處理。那麼，瘋狂、無知、幻象將會持續地反覆出現。

不對自己追根究底的話，墮性之人，很難翻身！

最難處理的一點是：因為受幻象宰制，所以墮性之人往往覺得自己很優秀、很善良、很棒、很帥、很完美！完全不需改進！

工作心態

墮性之人腦筋不聽明、手腳不靈活、散漫懶惰、裝瘋賣傻、沒有知識或智慧（14.13）。他喜歡做違反規定的事，拒絕經典的教導或其他權威（18.28）。他知識貧乏，看不到真相（18.22）。他不相信因果報應，所做的事對自己和別人都沒有好處，甚至於只有壞處（18.25）。他容易昏沈、睡眠過多、胡思亂想、分不清現實與幻覺（18.35）。他執著於某種類型的工作，或認為吃喝就是人生的全部。（18.22）

因為受幻覺操弄，也不研讀經典，所以他常會誤解一切，甚至連自己應盡的職責都不去做，還誤以為不負責或不盡義務是可取的。（18.7）

人際關係

他不聽老師和長輩的話或建議，自視聰明、口是心非、言行不一。在言語或行動上總是冒

犯別人、傷害別人。(18.28)

他把「非宗教」看做是宗教，把真正的宗教看做是邪教；老是往錯誤的方向，努力不懈。顛倒是非善惡，錯將騙子當至親，卻常誤會至親的忠言。(18.32)

因為不自覺地說謊成性，他也傾向於相信壞人，不願接近好人。壞人會說好聽的假話來哄他、誇獎他、迷惑他，讓他的幻覺更大更多；但好人說真話要點醒他、幫助他，他卻以為人家是在嫉妒他！

情緒

他老是愁眉苦臉、辦事拖拉(18.28)。他總是做白日夢、不切實際，卻受恐懼、悲傷、憂鬱、沮喪的重重包圍(18.35)。

有時，他也覺得自己很快樂，然而，他所謂的快樂自始至終都是幻覺。幻覺源於過多的睡眠、懶惰、無知、瘋狂。他傾向於麻醉自我，不想面對現實，因而更加迷失，更不用說「自我覺悟」了。(18.39)

死亡投生

墮性之人死後會從愚人或動物的子宮中出生(14.15)。受墮性主導的人會下地獄(14.18)。

第六章　人的不同行動傾向

「社會階層」(varna)就是：任何一個國家或社會，不論其政治體制為何，其人民自會有「士農工商」等等的不同分類；也就是說，會有種種不同行動傾向的人。

靈性上，眾生平等；但是，眾生的「物質軀體」會因「物質三重屬性」的不同比例，而有所不同；甚至生而為人時，也會有不同的個性和傾向。這種物質條件不同的形成原因，推到最後，是眾生自己的選擇。

社會階層的劃分，所依據的是人的「屬性和行動」。換言之，一個人主要是受何種屬性(善性、激性、墮性)控制，以及他自然會去做的行動內容，這兩方面便決定了他的「意識狀態」。

結果是，依照「意識狀態」的層次，人可概分為四種階層：知識階層、管理階層、生產階層、勞動階層(brahmana, ksatriya, vaisya, sudra)。

一般人只看到知識階層受人敬重，便說「唯有讀書高」，人人都要擠學術窄門，享受清閒優沃的生活。殊不知，真正的知識階層應該是「意識最高、最淨化者」，也是最不會因假我意識而追求感官享樂者。但這絕非一紙學歷、文憑證明得了的。

奎師那說：「依據人們不同的屬性和行動，我創造了社會四階層。」（4.13）

梵文音	同義詞 現代職業	社會功能 （以身體比喻）	屬性	行動／特質
婆羅門（祭司） Brahmana	教師、 知識份子、 宗教人士	知識階層 （頭）	善性	控制心念、控制感官、苦行、潔淨、容忍、正直、瞭解經典、覺悟自我、相信經典（18.42） 傳承及分享靈性知識
剎帝利 （國王武士） Ksatriya	軍警、 公務員、 政府官員、 統治者	管理階層 （雙臂）	善性／激性	有勇氣、有自信、堅毅果斷、文武雙全、決不退卻、慷慨寬大、擅於領導（18.43） 治理國家、保護人民
外夏 Vaisya	農工商牧業	生產階層 （肚腹）	激性／墮性	佈施、誠信、生產及流通食物、用品、保護動物、護持婆羅門
首陀羅 Sudra	勞工、僕役 技術人員、 服務人員	勞動階層 （雙腿）	墮性	順從、忠誠、知足、不求名聲、執行命令、服務他人

★社會四階層的比較

四個社會階層構成一個社會的各個部分，他們各自的功能也都不可或缺。

這就好像一個人的頭、雙手、肚腹和雙腿一般，個個都重要。現代一個嚴重錯誤的心態是：人人都要自己作主！雙手不把麵包送給肚腹，反而要自己享受，儘管它只能用摸的；雙腿不服務全身，他要罷工，他說因為頭部沒把事情想清楚，搞得兩條腿很累很累；頭部也有話說，他說雙手沒有保護頭部，以致於頭部一天到晚提心吊膽，無法思考，無法做出正確判斷。

一個社會中，如果各個階層的人無法安定安分，那便要像上述的人體對話一般，劍拔弩張，如何合作？如何能維持自己和全體的存活？

知識階層

「知識階層」的梵音是「婆羅門」，也就是讀書人、知識份子，古代稱為「士大夫」。

但婆羅門的梵音原義是「知梵者」（brahmana），也就是覺悟了「自己是靈性個體」的人。所以，強調的是「靈性知識」，不是一般物質性的知識。

婆羅門已覺悟到「靈性個體」（梵）為真我，而身體感官是假我。所以他不會為滿足身體感官的欲望，而自私行事、追求享受。相反地，婆羅門致力於「淨化自己的意識」，並「覺悟神」，而且也幫助其他人這麼做。所以說，婆羅門階層是人類社會中意識狀態最高的人。

他們能辨別物質和靈性，虛假和真實，也有能力控制自己的感官心念，不讓它們被外在刺激所迷惑。這樣的人能為君王獻策，也是能以身作則的教育家。

理想中的知識階層	致力於靈修或培養品德，傳授聖賢之道，並以身作則。
現代墮落的知識階層	不只印度的婆羅門墮落了，各國的知識份子也是如此。譬如說，某些知識份子很容易地只為吸引群眾支持或呼應，只為爭取主政者關愛的眼神，就放棄獨立思考或良心。他們做學問是做樣子而已，因為心中過多的欲望，他們無法保持「清高」，他們隨時準備好「說該說的謊」，利用專家學者的權威，為自己爭取到最大的名利。受資本主義影響，披著「老師」的外皮要賺大錢的人越來越多。

管理階層

「管理階層」就是領導人、國王、武士（ksatriya，剎帝利）。他們的傾向是「保護人民，悍衛國家安全」。

現代用「選舉」的方式所選出的政治人物不見得有治國的本領，重重問題的作用之下，近代的領導人反而成為媒體嘲弄的對象，人們對在上位者自然失去尊崇之心。

領導人最重要的特質就是「勇敢」；若有強敵壓境，他應該是第一個帶頭抵抗的，這樣其他人才會追隨。

但是他們應該接受知識階層的指導，以提昇意識為首要目標，也幫助全民提昇意識。

理想中的管理階層	聽從婆羅門（靈性知識階層）的建議，治理國家。剎帝利不只保護國內的工商農牧業，也保護人民免受大財團的欺騙壓榨。遠古時代的帝王甚至會為沒飯吃的人民想辦法。
現代墮落的管理階層	資本主義和民主主義，加上「重商」的結果，剎帝利的財富竟不如在其之下的兩個階層。以前的國王擁有土地、財富，這樣他才能管理眾人，而不會受其利誘。然而，現代政府處處與大企業、黑道合作，甚至為了選票，反成了他們的工具。結果是現代的管理階層根本無法保護絕對弱勢的人民。民主自由的口號讓毫無社會責任與良心的野心家握有統治權，他們只想發展經濟，於是便和資本家攜手，竊取國家資源謀求私利。社會上的貧富差距越來越大，那是早可預料的。

生產階層

「生產階層」（Vaisya、外夏）就是生意人，從事農工商牧各業。他們的本質就是謀求個人的最大利益，從事「生產」或「交易」。可惜的是，因為本性受限，所以他們很難明白真正的品德，也比較無法覺知反省，或提昇意識。

根據外夏的屬性所從事的工作是農耕、畜牧、交易、保護動物。(18.44)

真正有利於人的經濟活動是農業。公牛和母牛也必須得到保護，這特別是所有生產階層的職責！「保護牛」的實際行動確保人類文明中的物質與靈性可以並駕齊驅。因為公牛耕田，生產糧食，母牛產奶，讓人們不需傷害動物即可獲取動物性營養的精華；牠們可說是人類「共同的父母」。

理想中的生產階層	提供其他階層生活所需、佈施、誠信。根據大自然的法則營生，親近知識階層，提昇意識。
現代墮落的生產階層	他們集結黨羽，讓國家四分五裂。他們會資助科學、醫學研究，以便換種方法「販賣」精心包裝的科技、藥品或療法。 一個沒有靈修訓練的生意人當上了國家總統，掌大權後，只會讓他更貪婪、更嫉妒。甚至年紀大了也不願離去，他們只想永遠佔有權位，貪戀著呼風喚雨的日子，誰也擋不了他的貪心，直到死亡降臨。 掌權者十分清楚要控制群眾，必先控制媒體。掌握媒體者必能影響時局。國內外的許多大財團都知道要有自己的媒體，他們和其他有著共同利基的團體結合，發動只對自己有利，或能擊垮對手的看法和輿論。「以天下蒼生為念」不是他們的本質。 現代政治已非管理眾人之事，一旦生產階級入主軍政，他們治國的方式仍是做生意的老套，而且，他們眼中只有自己、親朋好友、吹捧主子的跟班。所以，他們心中盤算的是如何擴大自己的利益，而不是全民的福利。

牛奶加工後成為奶製品，製成酥油，是祭祀所需的供品。牛乳中有神奇的成分，可以增強腦細胞，有助於增長智慧，開發靈性。

勞動階層

如果沒有足夠的聰明才智或靈性知識、沒有國王武士的資格，也沒有興趣從事生產、交易，那麼，這樣的人對社會的貢獻便是「做僕役、服務、勞動」——勞動階層（Sudra、首陀羅）。

僕役、勞動者向來被視為低賤，從血腥的歷史中我們也讀到「奴隸」受到迫害。然而，一個社會少不了從事僕役、勞動的人。一些日常清潔等等瑣事，若有專人處理多好！

理想中的勞動階層	忠誠、順從、知足、不求名聲。
現代墮落的勞動階層	在現代，意識最低階的首陀羅被選為總統，我們對軍政領導者失去尊崇，甚至是用一種看戲的心態在看他們。而所謂領導人也時興走入群眾，與民同樂，甚至在特別的場合，需要扮演小丑，或者聖誕老公公。現代勞動階層不瞭解自己的職責，不忠於主人，卻也不受主人保護。

民主社會也許做到了表面上的齊頭平等，但是「屬性」和「行動」傾向於僕役、勞動的人，他自然就是會去從事這類工作。只不過，其他人得付出昂貴的代價「請」僕役來做事。否則，

人人都得身兼多職，又要正常上班，還要DIY組傢俱、修馬桶、做衣服、刷油漆……累得像狗一樣！

難怪早有人說：「鐵器年代中，人人都是首陀羅……」

★社會四階層的賦定職責

社會四階層實際上是幫助人們找到自己的屬性，確認自己的行動傾向，並及早履行無可避免的「賦定職責」。人只要好好盡責，他便能在人生道路上享受幸福，並在靈性上逐漸進步，最後得以解脫。

奎師那說：「人只要依照自己的屬性去工作，就能獲得圓滿成功。……即使沒能做好自己的賦定職責，也勝過做好別人的職責。依照自己的屬性從事行動，就不受業報束縛。即使行動有缺憾，還是不能放棄。一切行動都有缺憾，猶如火燄必被煙霧遮蓋。」（18.45-48）

社會四階層各自的賦定職責內容如下：

（一）知識階層

知識階層首重控制感官心念。若濫用感官，恣意享受，那麼便糟蹋了上天賦予他的聰明才智。他應該研讀《薄伽梵歌》、《薄伽梵往世書》等經典，並追隨一位真正的靈性導師。他應遵守經典規範的行動，以身作則；並教導其他階層的人經典的知識。如果他改不了抽煙、喝酒的習慣，便自動喪失教師的資格。選擇教師時若只重學識，忽略道德原則，整個教育體制必將瓦解。

（二）管理階層

管理階層首重佈施。現代政客卻反其道而行，他們為了自己或自己政黨的選舉，接受人民的佈施，卻很少佈施給人民。

管理者不需教育人民，卻也應精通經典。他的職責是保護人民，情況需要時，就應該訴諸武力。他不會高談「非暴力」，或虛假的和平。高唱寬恕和平，但實際上卻是犧牲人民的利益，這樣的人是懦夫，不配做管理者。

為了保衛家園，他應該身先士卒。然而，今日各國的總統絕不親自上戰場，但對於如何營造虛假的國際聲望、如何藉戰事謀取私人暴利，反倒是精通得很。

（三）生產階層

從事生產、交易的農工商牧業者首重生產並流通糧食。其次是學習靈性知識和佈施。

生產階層的職責是保護動物，特別是乳牛。動物的存在並不是要滿足人類的口腹之欲！廣設屠宰場意謂著人類已退化為「野蠻人」！

一個「文明人」所需的飲食是天然的穀類、蔬菜、水果、堅果、牛乳及其製品等等。所以，生產階層應致力於生產天然鮮乳、優質的優格和奶油，以及其他天然的農牧產品。溫熱的鮮乳提供人體腦部適當的養分，有助於人覺悟靈性知識。

然而，今日的生產階層誤用了其天賦能力，轉而生產精緻加工品。這些需要透過廣告行銷的精緻食品無法合理滿足人類身心的需要。人需要的是當地生產的安全純淨的食物。大企業的機器雖提高產量，但卻讓生活失去自然的面貌，也讓更多的人挨餓受苦！這絕非文明社會應該容許的現象！

(四)勞動階層

勞動階層的人智力、意識較低，所以，不應放任獨立。他們主要的工作是為其他三個階層的人提供勞力、技術或服務，而且應該培養忠誠的態度。其他三個階層有責任照料勞動階層的生活所需，讓他們只需服務主人，便可舒適地生活，最好是靈性上也有機會提昇。

經典上特別訓令：勞動階層不應累積財富，因為他們受墮性驅使，一旦有錢便很容易會把錢花在酒、色、賭這三件事上。而一旦人類生活讓酒、色、賭所污染，下一代的品質將直直落，意識層次會越來越低。

在古代，主人會確保僕役衣食飽暖舒適，僕役也會全心服務主人，即使主人老病，僕役也不會隨便拋棄他。

然而，現代勞工是不滿足的，他日日憂煩著家中各項開銷；而雇主只要求他奉獻青春和精力，卻不關心他們實際生活上的困難，也是不該。

★分工合作、創造多贏

我們不喜歡階級制度、種姓制度的原因是「差別待遇」。似乎婆羅門教師地位崇高，而僕役呢？今日有誰甘願為奴？所以，即使孩子的屬性和工作傾向於僕役勞動，父母仍會想法讓他混一張大學文憑，然後痛苦地去競爭一份他不愛的差事。在過去，父母會理智地送他去師傅那兒學一門技術，然後他便可工作養家，結婚生子，並依「人生四階段」好好生活。而現在，明明不是研究學問的材料，卻也要花上十六年以上的時間在學校。大學畢業後就算找到工作，仍要再從頭學起。這不是浪費時間嗎？而且違反正常生理，無法快樂！

「社會四階層」正是外界所稱的「印度種姓制度」，大概有百分之百的人一聽到就反感極了。然而，若能靜下心來看看自己所生活的社會，你便會發現「士」、「統治者」、「農工商牧」「僕役」是自然形成的社群。所不同的是，今日的「士」——知識份子、教師階層，今日竟與「農工商牧」

階層同級，也成為一種謀利的行業，不見得有較高的意識狀態。

社會裡的每一個人都重要。就好像你的身體中，頭部很重要，沒有頭斷然不能存活。可是，手不重要嗎？腳不重要嗎？每一個部分都有其功能，缺了任何一部分，全體都會不保。所以，四個階層個個都重要，但是如果整個社會有一共同的生命目標——提昇意識，並以「頭部」（婆羅門所傳揚的靈性知識）帶領，教身體各部位齊心協力，那麼，其他弱勢的人便較有機會提昇意識，而不需痛苦地無謂地競爭。

如果社會上推崇的是「感官享樂」，那麼絕不可能全面地提昇意識，而且會本末倒置，對社會沒有正面貢獻的人賣弄其無知瘋狂，卻反而成為眾人崇拜的對象。

如果不尊崇知識階層，那麼人們要向誰看齊？人人都要作主的情況，就像一個身體各個部分都要稱王一般，如何做得了事？如果沒有一個可尊崇的對象或階層，人們便逐漸淪落為動物，這樣怎麼可能會有真正的幸福？當一個社會失去準則，大多數的人都像動物一樣活著的時候，只有互相咆哮、撕咬，怎會有安和樂利？

由於時代的潮流就是要反抗傳統，爭取平等，人們也不想被歸類，被貼上標籤，因為我們就是不想被管！

我們鼓勵年輕人多嘗試，卻忘了告訴他們人生苦短，實在沒時間一試再試。不過，你是否發現自己就是不由自主地會去從事某一類型的工作？真正從事教職的人，若異想天開去卡拉O

K店應徵，不管怎麼看，其氣質、口氣都不太對吧！人類社會需要的是條理與秩序。高喊平等自由，卻不願接受「鐘鼎山林、各有天性」的事實，這樣組成的人類社會只會充斥著混亂，不得安寧，更不用說提昇了。

其實，社會四階層是最文明的制度。每一個都可以按照自己的人格特質去做自己喜歡做的工作，既能養活自己，也盡到了社會責任。社會能和諧地運作，個體也可追求靈性、意識的提昇，共創多贏的局面！

Facts

提昇意識、去除嫉妒

社會四階層不是問題，「嫉妒心」才是！

從歷史上來看，強者多半濫用權力，鄙視、剝削弱者；弱者通常滿懷嫉妒與仇恨。幾乎所有的社會改革都是要消滅階級制度。然而，就算是實行「無產階級」的共產國家，人們仍然會依其「屬性」及「行動」而形成不同的社群。

聖帕布帕德告訴我們，古印度的「社會四階層」，強者不會濫權剝削，弱者也不會嫉妒仇恨。現代社會能階級分明、強弱共榮，卻又沒有「剝削」和「嫉妒」嗎？

當然可能！前提是：人們要崇尚「提昇意識」、「靈性知識」！

以靈性知識（真理）和正確行動提昇意識，這是去除各種物質污染、負面情緒的根本之道！

★人生四階段

得到人身是難得的轉機，能提昇意識，完成生命的淨化與進化。人的一生之中有四個不同階段；每一個階段也有其賦定職責。註3

貞守生（brahmacari）

此階段的重點是接受教育。男子在二十五歲以前與靈性導師同住，學習靈性和物質的知識；並為他未來要成立家庭，擔負起家庭、社會、宗教方面的責任而做準備。貞守生過著規律生活，並從事靈性修練，以學習控制自己的感官、心念。

居士（grihastha）

可以結婚、追求財富（artha）、生兒育女、享受人生（kama），但應該遵守社會規範和宗教原則去做。成為居士不是為了追求感官享樂；相反地，具備靈性知識的居士更要謹慎地約束感官、心念、持續靈修。

之後，根據《瑪努法典》，到了五十歲，皮膚有皺紋和頭髮花白的人應該住到森林裡去。然而，居士生活這個人生階段太令人留戀了，所以現在大多數人都停留在居士的階段，直到老死。

雲遊者（vanaprastha）

當孩子都成家立業，自己當上祖父後，應該放棄財富和感官享樂，退休並離家，到森林裡築一小屋，潛心靈修。他可以帶著妻子同行，但是不應該再和子孫來往。但這種生活對一個老年人來講，的確是既嚴苛又殘酷的，難怪到了現代，幾乎沒有人會這樣做。

棄絕者（sannyasa）

棄絕者，也稱為托缽僧。通常是在七十五歲後進入棄絕階層。這是完全地奉獻給神的人生階段。有些人會選擇從貞守生或居士階段，直接進入棄絕階段的生活。

托缽僧沒有家，沒有什麼依戀或世俗連結，他已離棄所有欲望、恐懼、職務和責任。他把自己完全地交付給神。

他唯一關心的事情是「解脫」，也就是「脫離生死輪迴」。

人生四階段（ashrama）主要是為男性而設，而女性是依賴男性的——在家從父、出嫁從夫、夫死或托缽則從子。但是，女性在家所從事的家務和宗教職責也相當重要；因為履行了家族傳統，善盡職責，家庭才能興旺平安。

這樣的人生階段規劃是從遙遠的古印度傳承下來的，現代人早就不把它當做一回事了。

「享樂主義」盛行的狀況下，人人都埋首於工作和娛樂，只想隨心所欲地過日子。殊不知，人生的意義和目的根本就不是工作和享樂。在錯誤的認知下，現代人盲目地活著，或教年輕人異想天開地去規劃人生。其實，人的一生雖因人而異，但其基調人人皆然。若不遵循傳統的教導去走，恐怕只會浪費更多的時間在「追尋」。

人生四階段是完美的人生規劃，清楚刻劃出完整人生的藍圖。既有享受，也能追求解脫，是認真看待此生的人應該參考的重要指引。

第七章　訓練你內在的小孩

物質世界中的一切都是來自於奎師那的兩種能量：低等能量（物質）和高等能量——靈體（你）。

永不毀滅的靈體（意識）遍布整個身體；身體是短暫的，並從屬於那不可估量的靈體。（2.17-18）然而，若無靈性知識，靈體反而會被身體上的「心念」等六個感官所牽絆，在物質能量中苦苦掙扎。（15.7）

「感官和心念」是你內在的小孩，他們需要你的訓練，而不是溺愛。

★身體與感官

「地、水、火、風、以太」這五大元素是低等能量，組成「粗鈍體」（身體、感官）。你（靈體）在這世間運用低等能量，從中取樂。

身體不是真正的你

聖帕布帕德曾舉例說，狗的想法是：「我是狗。」因為它有一個狗的身體。如果你的想法是：「因為我在夏威夷出生，所以我是美國人。」或者，你想：「因為我是白種人，所以，我比較優越。」這樣的話，人的想法和狗的想法便屬同一層級——只認同「身體」，只活在身體的層次上，這是會造成痛苦的假我意識。

身體只是機器（汽車）

「眾生乘坐在物質能量所製成的機器上，我處於他們心中，並以我的物質能量讓他們行動。」（18.61）

若把身體比喻為一部機器，那麼真正的你——靈性個體，就是駕駛人。

若沒有靈性個體進駐，身體就像無人操作的機器、無人駕駛的汽車；久沒操作、駕駛，就會故障、壞掉。所以，身體是機器或汽車，是死的物質，而使之「活動」的是「駕駛人」——靈性個體（你）。

每一個人，每一個生命體，每一個靈體，都開著一部叫做「身體」的車。

身體這部機器十分複雜，不可思議，但也不過就是一部機器，壞掉是必然的。所以把一生全部的時間和金錢投注於物質軀體，肯定是不明智的。

身體的十一個感官

「……感官會受物質能量的迷惑而執著於感官對象……」（3.29）

我們必須藉身體及感官才能行動！身體有五個「感覺器官」和五個「工作器官」。五個感覺器官——眼、耳、鼻、舌、身／皮膚。他們的功用是看、聽、聞、食、觸。這是個體藉感覺器官接受外界刺激（由外而內）的途徑。

五個工作器官——雙手、雙足、發聲器官、生殖器官、排泄器官。他們的功用是授受、行走、說話（發聲）、繁衍、排泄。這是個體與外界互動（由內而外）的方法。

感官對象是——形象、聲音、氣味、滋味、觸碰對象。

「擁有知識的『行動瑜伽行者』，了解到當他在看、聽、聞、食、觸、睡覺、呼吸、授受、行走、說話、排泄（經由生殖器或肛門）、睜眼和閉眼之時，都只是感官和感官對象在互動。他認為：真我（靈體）什麼也沒做。」（5.8-9）

心念是感官之王

「心」由精微的物質元素構成，是感官之王，能駕馭其他感官。心也被稱為「第六感

心念的三種行動

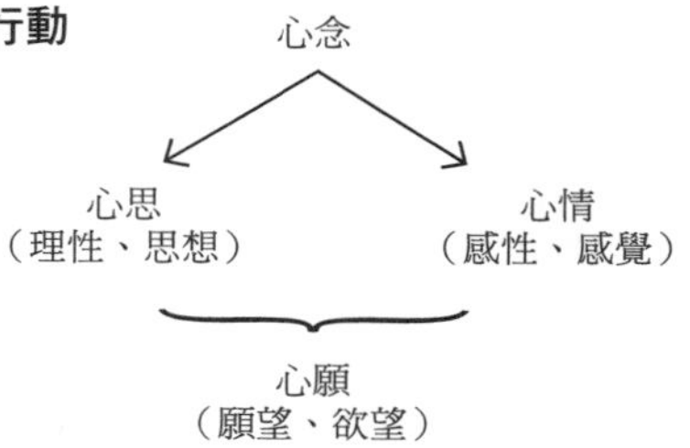

官」(15.7),他有不同的作用,統稱「心念」。

心的行動是「思考、感覺、願望」(thinking,feeling, willing),以得到「想法、情緒、願力」。在此,分別以「心思、心情、心願」來代表。

心情(heart/feeling)是「感覺器官」。各個感覺器官會受相對應的「感官對象」所吸引。「心情」是心在「感覺」,他的感官對象有「想法、情緒、五感的成果」。「心情」的工作成果是「不同的情緒」。

心思(mind/thinking)是「工作器官」,其功能是「思考」。它的工作對象和「心情」是一樣的,即「想法、情緒、五感的成果」。工作成果是「不同的想法」。

心願(wish/willing):心念的前兩項行動——「心思、心情」可說是人的「理性與感性」這兩部分;在理智與情感的綜合激盪下,最後便產生「心願」,或稱為願望、欲望。

★控制感官之馬

只要有有靈性個體、生命、有意識、有知覺,便會不斷進行著「思考、感覺、願望」,便會藉十一個感官去行動。行銷學講「感性消費與

感覺器官	心情（heart）	眼	耳	鼻	舌	身(皮膚)
功能	感覺（feeling）	看	聽	聞	食	觸
感官對象	想法、情緒、五感的成果	形象	聲音	氣味	滋味	觸碰對象
成果	喜、怒、哀、樂等等不同的情緒	美醜、大小、高矮…	悅耳刺耳…	香臭…	酸甜鹹苦澀辣…	冷熱粗細…
工作器官	心思（mind）	手	足	發聲	生殖	排泄
功能	思考（thinking）	授受…	行走…	發聲	繁衍	排泄

理性消費」，教育概論中講「知、情、意」。在不同的領域中的專家早已藉由實際觀察得知「思考、感覺、願望」是人人必定具備的內在過程。

因為「感官對象」的刺激，「感覺器官」便產生了種種感覺、想法、情緒；接著便形成「某種心願」，然後再以「工作感官」去執行行動，或是驅使「感官」去攫取渴望的感官對象。然而，人是一複雜的生命體，在各種情境中，「心情、心思、心願」交互作用，很難訂出他們絕對的先後順序。

最重要的是：總是做出錯誤行動的人，他的「思考、感覺、願望」是哪裡出了錯？

人人都知道「思想、感覺、願望」要美好，宇宙才會如此地回應你。但是，在真實生活中卻很難做到！

以內在因素來說，在「精微體」中有一個「黑盒子」，裡面存有「業報種子」；它透過「物質三重屬性」捆綁我們，人是被迫地受屬性的操控而行動。

從外在因素來看，以「假我意識」活著的人只接受外在環境的刺激，他的感官心念完全被「感官對象」吞噬，而不自覺地以滿足物質軀體的自私欲望來「思想、感覺、願望、行動」！過去的事已無法改變，此刻，我們只能慎選環境，留意環境中種種「感官對象」的刺激，千萬不要受到刺激就行動！

《卡塔奧義書》（1.3.3-4）把物質軀體比喻為馬車，五個「感官」是五匹馬，「心念」是控制馬匹的韁繩，「智力」是馬車夫，「靈體」是乘客。所以，最好的情況是：馬車夫能發揮智慧的穩定力量，抓牢心念韁繩，控制住所有的感官馬，以便護送乘客（靈體）安全抵達目的地。

放縱或規範感官

有百分之九十九點九的人都控制不了自己的感官衝動吧！從幼稚園、各級學校到職場、家庭，大家都很忙，忙著工作換取報酬，以便享受快樂（一不小心，就變成受苦）。然後，就等著老死，進入另一個軀體——還不一定是繼續做人。這種「忙」是因為完全被物質能量宰制，被感官心念拉著跑，靈體和其智力反而成為他們的僕人。

人類的生命絕不只是吃、睡、防衛、交配，若你真的只想要感官享受，那也不必計較來生是否還是人，做動物豈不更好？在動物的軀體中，你可以盡情地吃、睡、防衛、交配，好處是：咬死人也不算造惡業；你可以使壞，但不必承擔後果。（經典說的，不用怕！）

可是仔細想想，來生做動物的意思是：掉入食物鍊中。你把「別人」當飯吃，但你也是別人的「菜」！如果你看過探索頻道的節目，那麼對於自然界中弱肉強食的畫面必定不陌生。你會喜歡那種「為活命而追逐或被追趕」的生活嗎？

如果你只認同身體和感官，只停留在假我意識，那麼包圍你的將只有物質能量，無法觸及「靈性能量」，也就無法提昇意識。這很常見，幾乎工業化的國家都已為了物質文明而犧牲靈性（生命）與意識的提昇。

所謂「資訊時代」並沒有帶給人類智慧。相反地，我們看到注重感官享受和物質主義的人們，放縱感官，無法自我控制。這些人年老時失智失能，僅存一副軀體，似乎他的心靈比身體更早宣告「不治」。

古代沒有電視電影之類麻痺感官的娛樂，所以那時的老人就算沒特別修練什麼，但其一生的歷練便足以讓他成為「家中之寶」。而現在，我們的生活方式是緊追著一個崇尚感官享樂的國家跑，我們難道看不出「放縱感官」與「失智失能的老人」有重大關連？

那些從年輕時便練氣、練瑜伽的人，或者不那麼重視物質享受的人，他們年老時，其思想、智慧自然流露而出，他的眼神、精神也透露著強盛的生命力，或有著非常正面的意識狀態。

但若放任感官衝動行事，追求動物般的欲望和享樂，來生便會應你所思所行，而得到動物、魔眾之軀。其實，也不需等到來生，今生就會實現！規範感官，從事正確行動，便可以得到天堂般的享樂，甚至來生可得到神眾之軀。或者，還有更高的意識狀態?!

Facts

合理的控制

既然人有身心靈三個層面，身體需要感官享樂也是無可厚非啊！若要強行壓抑感官衝動，那是不人道，也不合理的！

的確如此！真正的「瑜伽生活」可以既滿足感官享樂的基本需求，又可以控制感官心念、提昇意識！（詳見第十八章）

★心念

「心念、智力、假我」是精微的物質元素，合稱為「精微體」，與「粗鈍體」（身體）組成「物質軀體」。

精微體和身體都需要鍛鍊；真正的你是高等的「靈性能量」，你要學習控制這些低等的物質能量。否則，反而會變成低等能量的奴隸。

被感官、心念、假我「拖著跑」的人，連「自己真正想要什麼」都不知道！

等到時日無多時，心念又回到親愛的人身上，只想和他們一起生活，一天也好……臨終前心繫家人、情人，一時得到情感的滿足，卻無法提昇意識。

「受控制的心念」是你的朋友，「不受控制的心念」是你的敵人。(6.5)

如前所述，心念（manas）是「感官之王」，是內在的感官，狹義地說，是「念頭、想法」；廣義地說，也包括「情緒、願望」。

心念是多變的，不同的想法、感覺來來去去。喜歡就「接受」，討厭就「拒絕」。如果你以為「想法、情緒」就是你自己；那麼，一天之中，有時快樂、有時傷悲，有時積極、有時心力交瘁，到底哪一個是「你」？情緒、感覺、好惡都會變化，不可能是真實的你——不變而永恆。只認同精微體的人，他的感情特別敏感，也容易受傷。因為他以為自己的情感、想法最重要，所以若不被接受，他們就會覺得「自己」被排拒、否定。

聖帕布帕德曾指出許多西方的哲學家、詩人、心理學家，都是認同精微體的例子，也就是活在精微體層面的人。他們雖能超越身體感官的局限，不再受限於女人、男人、中國人、美國人，或者貧富美醜等框架，但是他們受限於感覺、情緒、審美觀等心理狀態，並以為那就是人生中最高的。

笛卡爾說：「我思故我在。」即為一例。他認為思想就是自己，卻不知道「有比思想更高的力量」——靈性個體。

「靈性個體高於智力、心念、感官，所以便要穩處於靈體，……」(3.42)

「瑜伽行者約束善變、不穩的心念不再到處遊蕩。應該控制它，固定於靈性真我。」(6.26)

培養平靜的心念

心念無常善變。甚至連戰無不勝的阿爾諸納都說：「我認為心念比風（呼吸）還難控制。」(6.34)

然而，奎師那的回答是：「臂力強大的人啊，心念確實善變而難以控制。但是，藉著持續練習和不執著就能降服心念。」(6.33-35)

「練習」——全方位修練的瑜伽生活，以及「不執著」——善盡職責，卻不追求成果，這樣就可獲得「平靜的心念」。

「感官對象給予我們冷熱、悲喜的感覺，但這些感覺總是短暫的，來來去去。巴拉塔啊，要忍耐。智者平等看待悲與喜，他不會因感官對象而受苦，他能得到解脫。」(2.14-15)

「行動瑜伽行者放下對成果的執著，他為了淨化心念，使用智力、心念、語言，或只用感官

去執行行動。」(5.11)

「滿足於自然到來的一切，免於相對性和嫉妒，平靜地面對成功和失敗，雖然他有行動，但是他不受（行動的結果）捆綁。」(4.22)

★智力

精微體中的「智力」(buddhi)藏有生生世世的隱微記憶和經驗。

物質三重屬性也會滲入到你的「智力」之中。唯有善性的智力才能夠辨別真實和虛假。

善性的智力能瞭解什麼該做、什麼不該做。激性的智力分不清什麼該做、什麼不該做。墮性的智力則是非顛倒，「該做的事」不做、「不該做的事」卻一直在做。(18.30-32)

培養穩定的智慧

智力穩定、不迷惑、認識梵、穩處於梵之中，這樣的人不會因為得其所愛就歡天喜地，也不會因為遇其所惡就焦躁不安。(5.20)

「智力」可發展成「穩定的智慧」，這是心念能平靜、感官能得到控制的要因！

智慧穩定與控制感官

奎師那說：「憶念、冥想感官對象，就會產生愛戀。愛戀發展成欲望。欲望轉變為憤怒。憤怒導致迷惑。迷惑使人忘記（控制感官）。不控制感官就沒有堅決的智力，也會放棄自我覺悟，而受制於生死輪迴。」（2.62-63）

如果任憑感官對象操縱，自己無法控制身體感官，就會有不幸的結局——輪迴。然而，得到穩定智慧的聖人自然可以收攝感官，完全遠離感官對象，就像烏龜收起四肢一般。（2.58）

他即使有感官享樂的欲望，還是能控制感官，還是平靜的。就像百川湧入大海，但海面依舊平穩，海水不會滿溢出來。然而，追求感官享樂的人，卻無法平靜。（2.70）

「放棄所有享樂的事物，就算置身其中也不起心動念，沒有佔有欲和假我，這樣的人獲得平靜。」（2.71）

智慧穩定與控制心念

擁有「穩定的智慧」的人自然也有「平靜的心念」。

他的心念不因苦難而紛亂，有樂可享也無意享受，毫無執著、恐懼、憤怒。他的情感絲毫

不受動機驅使，不會因好運而歡喜，也不會因惡運就詛咒。（2.56-57）

Facts

四種身心的缺陷

身體和精微體都是「你」的「物質軀體」，是一般人最能認同的部分。我們通常很信任自己的感官心念，覺得自己看到的、想到的，就是對的！但是，所有的物質軀體一定有四種缺陷：

1. 感官不完美（karanapatava），感官會理解錯誤，會被魔術、幻術欺騙。
2. 受假象蒙蔽（pramada），常感困惑，不知怎麼辦。
3. 會欺騙他人（vipralipsa），說謊、言行不一、口是心非。
4. 會犯錯（bhrama）、說錯話、做錯事。

所以，你不能聽從身體和精微體的話，你那些「感官和心念」要享受、要使壞，但「你」有力量節制它們嗎？

更高的力量是「智力」和「意識」！更精確地說，那是「穩定的智慧」和「真我意識」！

★假我

「被假我迷惑的人自以為是行動者，其實這全都是物質能量的三重屬性在行動。」（3.27）

「假我」是最精微的物質，意謂著人認為自己只是物質軀體——身體和精微體，讓你以為

「感官經驗」和「情緒感受」就是你自己，讓你以為「外表和感覺」最重要，讓你以為自己是享受者、擁有者、控制者。但，事實上，身體和精微體都是「假的我」，不是真正的你。

只用華服美鑽追求身體的完美形象，只用品味風格在塑造精微體的時尚獨特……，整個現代文明就是要人「壯大假我」。

假我是錯誤虛幻的，更會受幻象蒙蔽而產生驕傲自大。「假我」是一切痛苦的原因，必須要淨化！

假我意識

「意識」是靈性個體的表徵，「意識」是生命力，遍布於整個物質軀體。

昏迷的人醒來時，一「知覺」到自己的身體和心理，便被稱為「回復意識」。因此，雖然科學界都公認「意識迄今尚無定論」；但，你很清楚：有了「知覺」，便能體會到「意識」的存在。然而，只知覺到粗鈍體和精微體（身體、感官、心念）是「物質軀體意識」，也是「假我意識」。

「假我」是最早出現的精微元素之一，是物質世界中的生物最基本的意識狀態。然而，事實上，「假我」不同於「真正的意識」；假我是會死的物質元素，而意識則來自於靈體，是生生不息的生命力。

「假我意識」好像讓你能享受生活，但問題在於，越來越深的「假我」讓你誤以為「物質軀

假我與意識

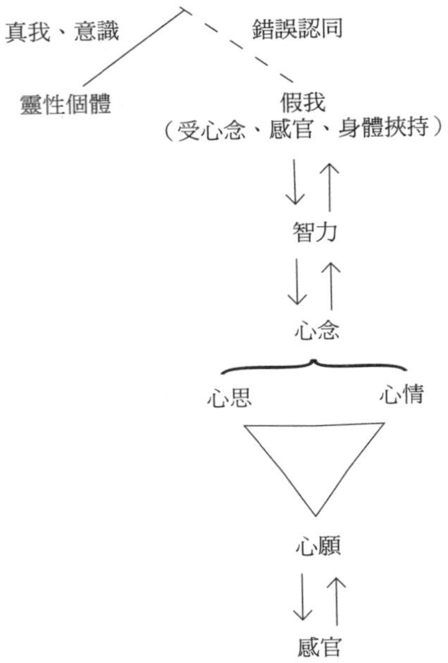

體」是你的全部，但這是錯的！只重視身心是錯的！「沒有真實的基礎」！而且，人會反過來成為感官心念的奴隸！也就是說，馬車夫管不了群馬，反而被群馬拖著跑！

更為嚴重的問題是：在死亡之時，「假我意識」令人萬分痛苦。靈體（真正的你）不會死，卻要受盡生生世世物質軀體一再死亡的折磨。

被假我迷惑的眾生，其身體、感官、心念所關心的對象、所進行的「思考、感覺、願望」都是物質性的。就這樣，他從事的行動都在物質能量的操縱之下，這樣的行動成果、這樣的願望必然將他帶往下一個「物質軀體」，繼續著假我意識，以及生老病死的痛苦循環。

地獄方程式

奎師那說：「只因有心念，欲望便生……」（2.55）

在「假我意識」下，智力受污染，無法控制心念，並生出想滿足身體感官的、不必要的物質欲望！欲望必得被滿足，必得找到實現的出口，否則，無法滿足的欲望會生出憤怒（2.62）；但，一再地滿足欲望，則會生出貪婪！而且，欲望太多會使人看不到真相，變得無知，深陷於墮性之中。

奎師那說：「物欲、憤怒、貪婪會毀滅靈性真我，是通往地獄的三道門；因此，應該去除這三者。」（16.21）

任憑無窮欲望掌控的人，其行動表現是：（2.41-44）

1. 心思不專一、智力不堅定、意識被迷惑、行動紛亂。
2. 以為物質享樂才是最重要的。
3. 渴求天堂般的享受，想盡辦法要得到權勢、享樂和富貴的果報。
4. 依戀、執著得到的權勢與享樂。

地獄方程式

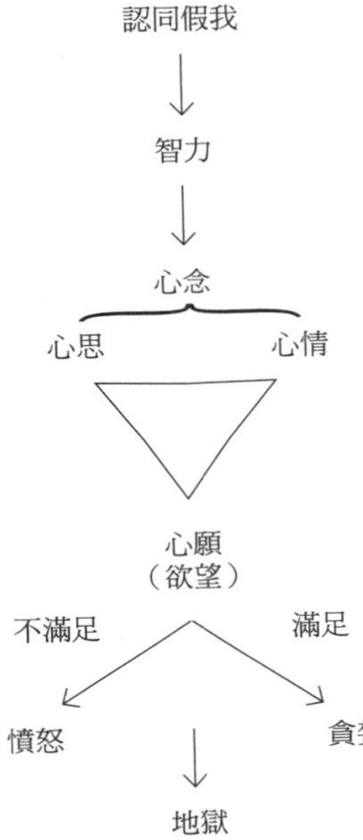

有人說：「我的願望，不是要滿足自己的感官享樂，或追求名利，我完全只為眾生！」

問題是：「自以為」在為眾生，若無靈性知識，也不接受真理，那麼所謂的「願望」很可能只是要滿足自己的「感官、心念、智力」或最精微的「假我」。這樣的「自私」會導致「自己」永遠深陷於物質泥淖之中！

Facts

「無形」的危險

沒有《薄伽梵歌》的靈性知識，人就無法跳脫精微體的範疇，就會受無形的「心念、智力、假我」所迷惑！

通常，人生病、痛苦了，才會思考、反省、想追求身心平衡的生活。但在追求「身心靈」、「靈性」的過程中，是否遇見許多仰仗「無形能量」的解決方案？

除了醫學，有許多人把觸角延伸到無形的「能量」、「磁場」等領域。的確，身心互相影響，身體病了，精微體也是不健康的。然而，這些所謂的脈輪、能量、磁場都還在「精微體」的領域內，絕不是在「靈性」的層面上！

因此，尋求「無形的」療法是一種冒險，要看運氣（業報）而定。如果沒治好，誰也不能為你負責；如果治好了，通常你也就不會繼續探索靈性。事實上，嚐試攪動潛意識的治療方法（如催眠或前世今生），往往只能給予短暫的放鬆感。而且，這種追溯是沒完沒了的。現今的醫學都還不能百分之百地瞭解肉眼可見的身體、器官，更何況是肉眼不可見、而且更為龐大的精微體！我們可以推論說：要藉由層次較低的感官來療癒更為複雜、難知的精微體，那是不合邏輯、也不可能有真正長遠的效果的。

《薄伽梵歌》主張：要解決身心問題，應該先回復「真我意識」，也就是喚醒靈性真我，強化智力，這樣心念自可平靜，感官之馬才能收攝得住。在身心靈的追求上，應該先修練「靈體」，如此由上而下的力量，才能有效地淨化精微體；而非從身體或精微體入手，反而會陷於凡人無法超越的物質能量和三重屬性之中。

第八章　時間是循環的源頭

奎師那說：「我是控制者中的時間。」（10.30）
「我是一切元素的創造、毀滅和維繫。」（10.32）
「惟獨我是一切眾生的創造、維繫和毀滅。」（10.20）

「創造、維繫、毀滅」是時間的強大循環力量，讓物質世界中的一切都要遵照「循環法則」而行。

奎師那的時間能量監督著物質能量的運作，以及你我的生死輪迴。

我們現處的年代是「梵天的五十一歲的第十二個『劫』中的第七位瑪努（名為Sraddhadeva Manu）的第二十七個『年代循環』中的鐵器年代」。

第十二劫約開始於二十三億年前。梵天的一個白日稱為一「劫」（kalpa），為時四十三億兩千萬年……

時間：→→→→→→→→→→→→→→→→→→→→→→→→→→

發展：宇宙出現→生命體出現→人類出現→發展維持→毀滅結束

★時間的直線行進與循環

一般人對時間的概念是直線式的。人們以為宇宙、生命體、人類，都是在直線時間上的某個點出現，而發展、維持一段時間之後，就是一切結束；然後，就什麼都沒了。接受此觀念的人會認為過去是原始的、簡單的，現在是進步的，而未來則會一直進步下去。

但是，為何「一直進步」的最後，結果卻是……「毀滅」？奇怪吧！

原因是：這種說法只對了一半！

應該說：時間的運作方式是「單向直線行進」，而且「無法逆轉」！但是時間的行動模式是「循環交替」——創造、維繫、毀滅、創造、維繫、毀滅、創造……

★時間主導物質世界的運作

奎師那說：「知道梵天的一日一夜的人，就知道梵天的一日有一千個年代循環之久（四十三億兩千萬年），他的一夜也是如此之長。隨著白日降臨，萬物從梵天的睡眠狀態中逐漸顯現出來；隨著夜晚來到，萬物又回復到不展示的狀態。就這樣，已顯現的動與不動的眾生，不由自主地在黑夜來臨時消失，又在白日迫近時重現。」(8.17-19)

「周期結束時，一切都會進入我的物質能量當中。周期開始時，我又創造一切。我處在隸屬於我的物質能量之中，一次又一次地創造眾生。他們無法獨立存活……」(9.7-8)

時間是奎師那的神聖力量（divya），是強力循環。而且，時間強勢地主導了物質世界，以致於一切物質事物都是依「循環法則」而不斷運行。自然界各種現象每隔一段時間就會展示一次，周而復始，生生不息。

因此，你的生活也要依照循環法則來走。時間是強勢循環，整個物質宇宙是個大循環，你生活在其中，也應該去體認到此一規律的循環法則。你身體之內的氣、血、心理等等系統都在做循環運動，若有阻滯，便要生病。事實上，你的物質軀體內部有各種循環，你與環境的共存之道也在於循環，經濟活動、股票市場、資源回收、人際關係也都是循環之道。

人類所有關於時間的概念都依循環法則在運作：六十秒構成一分鐘，六十分鐘構成一小時，二十四小時構成一天，三十天構成一個月，十二個月構成一年。這些時間單元都是由小循環不斷擴大而成大循環的。太陽、月亮的行動也是循環。

時間的循環

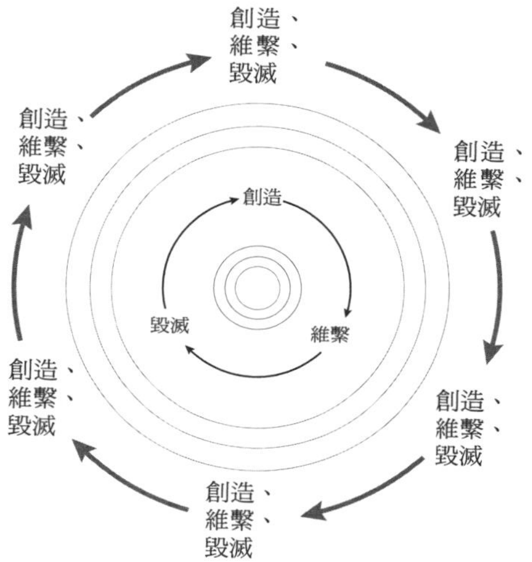

說明：經歷的時間雖長短不一，但人事物發展的過程都是創造、維繫、毀滅，不斷的循環。

1. 以太陽的行動計算一天、季、年

一天之中若無日升日落，人要覺察到時間的變化是很困難的。對人類而言，一天之中的起床、飲食、工作、睡眠等活動與太陽的行進有著密不可分的關係。人們觀察太陽的行動，用以計算一天和一年。

- 「韋達養生學」（Ayurveda）將一天分為六個四小時，分別由「風型」、「土型」、「火型」的力量掌控，在一天中各輪替兩次。
- 古印度的時間最小單位是 0.00666 秒；一個「普拉那」（生命力，呼吸）是六百個時間最小單位，約為四秒。六個普拉那（6×4＝24 秒）是一個「帕拉」。一個「穆乎塔」是一百二十個帕拉（2×60×24＝2880 秒＝48 分鐘）。三十個穆乎塔等於二十四小時，就是一天。

● 一般說來一年有四季，但古印度的說法是六季。兩個月構成一季，依序為「春、夏、雨、秋、秋冬之交、冬」[註4]。一年的前六個月，太陽從南方行進到北方（uttarayana）；一年的後六個月，太陽從北方行進到南方（daksinayana）[註5]。如此周而復始。春分到秋分、夏至到冬至各為半年，也就是六個月。

2. 以月亮的行動計算星期、月份

● 各個月份則是依照月亮的行動來計算的。「月份、月經、測量」等英文字（month, menstruation, mensuration）都是從月亮 Moon 一字衍生而出。

● 月亮的圓缺各有兩個星期，兩個星期的一半便成為七天（一星期）。這些都是反覆循環的。在一個月之中，月缺叫 amavasya，月圓叫 purnima。月圓到月缺的兩星期是 krishna-paksa，月缺到月圓的兩星期是 sukla-paksa（krishna 黑色，sukla 白色，paksa 兩星期）。（3.11.10）

● 十二星座，可視為六個互為相反的組合。

3. 時間強大的循環（圓形）力量，連帶地影響了圓形的構造

因為積日成月，三十日為一個月；積月為年，十二個月為一年。因此，一年即有三百六十天，太陽也繞了一個圓。所以就把一個圓分為三百六十份，每份就叫一度。一年有六季，每個

季節占了六十度。

許多測量時間的數字都是六或四的倍數。根據古印度的數字學，六是「愛」、「服務」的象徵，而四意為「形象」。

「時間」實為「愛的形象」，是「神」在物質世界中的神聖能量。註6

時間就這樣，依日、月、季、年，由小到大，不停地循環下去。受時間影響的一切物質也是循環不已，不管他的軌道是大是小，必歷經「創造、維繫、毀滅」，不斷循環的「創造、維繫、毀滅」……

★年代的循環

奎師那說：「為了保護奉獻者、打擊惡魔、重建宗教原則，我在每一個年代顯現。真正瞭解我超然的顯現和活動的人，他死後會來到我這裡，永遠不再投生。」(4.8-9)

古印度的時間觀並非人為研究發明而得出的結論，而是來自天啟的《韋達經典》。一個「年代循環」(divya）中有「金、銀、銅、鐵」四個年代，總長為四百三十二萬年。鐵器年代結束後，會有局部毀滅，然後一個新的金器年代又開始，如此地循環下去……

所有美善的品質，從金器年代以後，都會隨時間的進行而逐漸減少到「零」。也就是說，人類的平均壽命、生活水準、道德品性、智慧、宗教性都在遞減。所以，全世界的物質文明看似不斷進步，實則是逐步走向混亂與毀滅！

經典也推薦每一個年代的修行法門，這些方法都是因應每一個年代的特性和人的品質而設的。因此，鐵器年代的人若要做金器年代的「靜坐冥想」來覺悟自我，那是非常不智的！在鐵器年代中，人們應該找出聖名、唱頌聖名！

各年代的特徵

金器年代的人們的心念、智力、感官都穩固地處於善性之中，他們的快樂是「知識」和「苦行」。

到了銀器年代，人們受三重屬性制約日深，在激性主導之下，人們熱衷於盡孝盡忠，善盡職責；然而他們心底暗藏著不為人知的動機，在努力表現的背後是追求個人聲名的企圖。

銅器年代由激性和墮性共同主導，貪婪、不滿、驕傲、偽善、嫉妒盛行，人們越來越喜歡自私享樂的活動。

完全由墮性掌控的鐵器年代（卡利年代），人類社會普遍地存在著欺騙、謊言、懶惰、昏沈、暴力、憂慮、悲哀、困惑、恐懼、貧窮。

四個年代的比較

年代	梵文名稱	品德、智慧、宗教性	惡與罪	期間（年）	人類壽命	修行法（12.3.52）
金器年代	Satya Yuga	100% ↓	0%	1,728,000	十萬歲 ↓ 一萬歲	靜坐冥想
銀器年代	Treta Yuga	75% ↓	25%	1,296,000	一萬歲 ↓ 一千歲	火祭
銅器年代	Dvapara Yuga	50% ↓	50%	864,000	一千歲 ↓ 一百歲	廟宇崇拜
鐵器年代	Kali Yuga	25% ↓ 0	100%	432,000	一百歲 ↓ 十歲	唱頌聖名

金器年代

金器年代由神眾直接統治世界，所有的人事物都是純粹至善的。此外，人類沒有貧富之分，沒有人需要工作、勞動，因為人所需要的一切，用意志力便可取得。所以，所有人都可從自己的內心得到無上的滿足；他們沒有物質欲望，懷有純粹的靈性真我意識。

那時，沒有嫉妒、憎恨、驕傲、邪惡，也沒有恐懼、悲傷和疾病。人們都平靜、友善，完全覺知到至尊主的存在，只崇拜至尊主，不會去崇拜其他神眾。人人都是「至尊天鵝」（paramahamsa），也沒有社會四階層的區分。

經典中以公牛來比喻宗教（1.16.18），牛之四足好比宗教的四大支柱：仁慈、苦行、潔淨、真實。在金器年代，牛之四足完整，牛也得到人們的小心照顧。

銀器年代

銀器年代的人非常虔誠，也願意努力覺悟至尊主。然而，銀器年代已受四大惡行入侵——暴力、不滿、紛爭（敵意）、說謊，所以牛之四足分別被削減了四分之一。

銀器年代的人喜歡嚴格苦行和舉行儀式、火祭。不過，在追求經濟發展的同時，他們也注重宗教，依據韋達經典的訓示，有節制地追求感官享樂。雖然此年代的人們已分成四個社會階層，但是，大部分的人都是婆羅門，都有靈性意識，過著善性的生活。

銅器年代

銅器年代的人開始顯露人的弱點，但他們仍有強烈的意願，想要如實地瞭解至尊主。他們會依照韋達經典的教導，以莊嚴肅穆的態度去崇拜至尊主的神像，把祂當做是偉大的帝王一般。

在銅器年代「仁慈、苦行、潔淨、真實」和「暴力、不滿、紛爭（敵意）、說謊」各占一半。宗教之牛已半瘸了。

銅器年代的人喜歡爭取榮耀，會做崇高的大事。他們研究韋達經典，擁有財富，支持大家族，有活力地享受人生。社會四階層中，婆羅門和剎帝利仍屬多數。

★鐵器年代的預言

「博學的人啊，卡利年代的人們短命。他們喜歡爭吵、好吃懶做、常被誤導、運氣也不好，更慘的是，總是心煩意亂。」（1.1.10）

我們現處的年代名為「卡利」（鐵器年代），意即「虛假、紛爭」，是最墮落的年代，是「幻象之海」。（12.3.51）

在鐵器年代的開始，四大宗教支柱只殘存原來的四分之一（只剩下「真實」）；而且，殘存的美好品質會繼續削減，直至全毀。

關於鐵器年代的預言是：

關於女人

女性的身材會變得矮小，無法控制食欲。她們失去嬌羞，經常出口嚴厲。她們膽大盲勇，不受約束。性慾會被認為是正當的，性交被當做是生活的必需品。女性已失去貞節的力量，她們自由地換過一個又一個男人。甚至不到十幾歲的女孩也會懷孕。生下兒女後，無法妥善照顧他們。

關於男人

貞守生無法守住誓言，並因而變得不潔淨；居士以乞丐的身分謀生；應該逐漸放棄家庭生活的人，卻因依戀極深而不願離去；就連「棄絕階層」（出家人）也變了，他們貪得無厭，甚至比居士更愛財。而世人會以為這些怪現象是正常的。

男人變得差勁，而且受女性控制。他們會反抗自己的父親和父執輩、兄弟、男性親友，不喜歡與他們為伍；但是，他們卻喜歡和兄弟的妻子們，或自己的姐妹廝混。他們對朋友情誼的概念會建立在性的吸引力之上。弱者會有勇者之名，而真正的勇者反成為無法施展的懦夫。

關於人的品質

欺騙盛行，甚至自己的左手、右手也會互騙。邪惡的人以至尊主的名義收受捐款，他們穿上僧人的服飾，表演苦行，賺取生活費。根本不知宗教為何物的人會登上高位，大談宗教經。教授「真理」的人，是學問不實、也無親身實證的假學者。講經者是污染經典的無神論者，或愛思辨的學究。所謂的宗教人士和知識份子會淪為他們自己肚腹和生殖器的奴隸。老師不再受敬重，他們的教導會被踐踏；學生甚至會以傷害老師為樂。

欲望會控制住所有人的心。人越來越不清醒，逐漸失去理解「神」的能力，人們傾向於接受假科學，甚至於墮落到動物般的生活。

政府失去理性，把人民當作是消費品。統治者反而是人民的敵人、掠奪者，他們偷盜人民的財物，稅制也不公平。

生意人用欺騙的方法賺錢。雖然不是萬不得已，但是人們會認為只要能賺錢，從事墮落的行業也沒關係。

受雇者在主人破產後便遺棄主人；主人在受雇者失能後就遺棄他，絕不會顧念他一生的服務。

乳牛一旦不產乳，就會被棄養，或被屠宰。

關於人的生活

人們會因一點小事就情緒不佳，他們因饑荒、沒錢繳稅而疲於奔命，因懼怕水災而心慌意亂。他們沒有適當的衣物、裝飾品、食物和飲用水，甚至連休息、睡覺、性生活和沐浴也都無法好好地做。

人與人之間失去信任，甚至家人之間也一樣。人們發誓是為了及早失去信用。夫妻相輕。

甚至於家人互殺也會變多。只為了幾塊錢，人們便要互相憎恨。

人們保護不了自己的孩子和妻子，更別說事奉年邁的父母了。完全墮落的男人只在乎自己的肚腹和生殖器是否得到滿足。

人們會認為殺生很正常，沒什麼大不了的。他們不會尊重其他動物的生命，更不用說無理地破壞樹木園林。為了口腹之欲，殺害動物祭自己的五臟廟被視為正當行為。

工作壓力太大，人們為麻醉自己而喝酒、吸毒成癮。為了避開工作，他們必須找時間、花錢去渡假。

因為饑荒越來越普遍，人們會開始移民，他們選擇居住在生產豐富米、麥的國家。註7

鐵器年代的結束

最後，至尊主會化身為「卡爾基」（Kalki）（1.3.25），直接結束這些不願提昇、淨化意識的眾生，並且啟動下一個金器年代。

Facts

鐵器年代中的「黃金年代」

柴坦亞．瑪哈帕布（Chaitanya Mahaprabhu）是奎師那化身為「奉獻者」，祂親自教導鐵器年代的人們如何向奎師那「臣服」——實踐《薄伽梵歌》的結論。

主柴坦亞・瑪哈帕布於距今五百多年前親自發起「齊頌聖名」（sankirtana），這場靈性運動將在鐵器年代中持續一萬年。這墮落年代中的一萬年被稱作是「黃金年代」；因為在這段期間，只要唸誦或唱頌「哈瑞・奎師那・瑪哈・曼陀」，就可獲得救贖，擺脫物質能量的糾纏，回到靈性世界。

在金器年代靠「冥想至尊主」、在銀器年代靠「舉行火祭」、在銅器年代靠「廟宇崇拜」所得到的一切好處，鐵器年代的人只要唸誦唱頌「哈瑞・奎師那・瑪哈・曼陀」便可獲得。這可說是鐵器年代最大的優勢。（12.3.51）

第九章　循環轉輪中的眾生

梵天說：「物質能量驅動下的所有活動是循環式的。物質三重屬性是物質能量的中心。若說人的心念像戰車，那麼他的身體便是車輪：他的十個感官和五種生命之氣是輪輻，構成他物質軀體的八大元素是外圍的輪圈。外在的物質能量就像電流般驅動車輪。就這樣，車輪以軸心為準，高速運轉著。車輪的軸心正是『至尊主』，祂也是超靈和絕對真理。我向祂致以恭敬的頂拜。」(8.5.28)

★生老病死的循環

奎師那說：「不執著感官對象、不認同軀體、了解生老病死是痛苦的原因……這些是知識」。(13.9)

知識是：接受物質軀體必有生老病死，看清「自己」與它們沒關係……否則，妄想以科學逃避生老病死，會掉入無知的地獄！

根據物質世界的自然法則，每一個物質軀體必然經過六大階段：出生（顯現）↓發展↓成

物質能量的循環

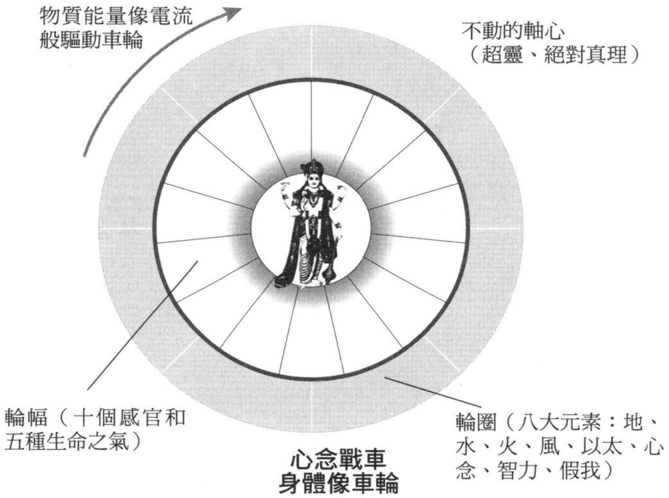

熟→繁衍→衰老→死亡（消失），然後又重新「出生→……」不斷循環下去。

我們都很努力要去除人生的不快樂，但真正讓人不快樂的事情是「老、病、死」，而「出生」正是「老、病、死」的開始。

「了解生老病死」和它所帶來的痛苦是真知識、真智慧，這樣子才能真正解決你的其他問題！

「生老病死」是物質世界的自然法則之一。有人說：「哪裡有什麼自然法則？」沒錯，自然法則的存在與否，不是「我說有就有」！不相信有「自然法則」的人必須用他一生的時間、一生的痛苦，去證明、體會它的存在。

科技的、醫學的各種進展都很好，但是，生老病死是真理之下的自然法則，是無法違逆的。如果你把一生的時間精力都用來抗老化，那是註定枉然的！

看到人生真相的人說：「人生真是悲劇。」尼采解決人生問題的辦法是，讓自己成為有鋼鐵般意志的超人。相反地，不願看到人生真相的人，為避免「活得不快樂」，竟空想著：「多想快樂，擴大快樂的記憶，就會快樂……」

然而，要先接受《薄伽梵歌》的五項真理，你才能看清自己有什麼籌碼，該如何行動。也只有這樣，才能解決自己的問題，才能在生老病之中有那麼一點真正的快樂，甚至於……徹底從中解脫，獲得永恆的喜樂。

必有出生

人有欲望，要藉行動滿足欲望時，便受成果捆綁，而受制於生老病死。人接觸並接受物質能量後，便有物質軀體去實現他的願望，去享受悲歡苦樂！（13.21-22）

一般都認為「誕生」是快樂的，「生日」更是重要到「要好好慶祝」！

如果你已確定「老病死」真是人生的大問題，那麼，「不斷在物質軀體內出生」、「老病死後又重新出生」，這才是問題的根本所在。

多少才智之士窮盡一生之力在處理「老病死」的相關問題，但是經典已明確指出「再次誕生」才是問題。一時地或表面地減輕「老病死」的威嚇是沒有用處的。因為「不斷地投生」才是真正可怕的事！

胎兒在母親子宮中受極大的苦。他在女人的肚腹那窄小的空間中不斷長大，周圍滿是污染的液體。他非常飢餓，卻無法吃飽，常常餓昏，失去意識。母親吃進體內的一切食物讓他極度不舒服。他像籠中鳥一般蜷縮著小小身軀，直到大自然的力量將他從子宮中擠壓而出。註8

他在極大的痛苦中祈禱著：「願那以不同形象顯現，並保護著全宇宙的至尊主快來保護我。讓我得到祂的庇護，讓我的恐懼消失。我因為有了這副物質元素組成的軀體而與祢分隔開來；然而，超越物質世界和時間的至尊主啊，請接受我謙卑的頂拜。唯有向祢臣服，在這世間所從事的一切行動才不會捆綁自己。」

但是出生時的巨大痛苦讓他忘記之前的臣服與祈禱。人的健忘使他誤以為誕生是件美好快樂的事。擦乾眼淚後，仍不改本性，不改行動，仍要試試「沒有祂」的物質生活。

必有老化

年輕女孩說：「我不想變老！」然後，她努力賺錢，購買各種保養品，留意最新科技，不惜一切地要留住青春和身材。結果，她會不會老？最新的防老醫學科技，頂多讓她在七十歲的時候看起來「好像」四、五十歲，就算能活到一百歲，但仔細想想有哪個百歲人瑞仍能如含苞待放的少女？即使臉皮平整紅潤，哪個「超資深」型男美女，不是光起身走動就很吃力？

也許，年輕女孩仍要自我安慰，她又說：「沒關係，讓我在五十歲的時候看起來像二十歲就好，而且，我也不想活太久！」唉！真是「傻女孩」。

不想老的人果真能不老？錯，你一定會老！所以，許下「我不會老」這種心願是無用的！你可以一直想著「我不會老」，然而，自然法則是真理，力量比你更為強大。自然法則說：「人必有生老病死。」所以，你一定會老，而且，你必定要承受老年生活所有的諸多不便。

不管你接不接受，在你人生的某個時間點上，你必得「服老」。事實既然如此，如果你能早點服老，早點接受自然法則為真理，就不會把大好時光浪費在追求「不老」。在你還能讀、還能寫、還能聽的時候，應該把時間、精力投注在更有價值的事物上。

必有疾病

有生就有死，中間也必有「疾病」；正如兒童、少年、青年、中年、老年的變化一樣，這些都是人生的不同過程。

身心健康的確是人生的重要目標。但是，如果一生都只在追求健康，而荒廢「靈性真我」，那麼，這樣的人生算是白活了！更何況，健康不是你想有就有，也不是廣告中所說的那般廉價！「只要花錢」吃這個、做那個……就會健康。這是天大的謊言！

有些印度人練瑜伽的「拜日式」，認為「太陽神能賜予健康」。太陽神「維瓦斯萬」是物質世界的神眾之一，如法地崇拜他的確會身心健康。然而，「健康」並非人生的全部！崇拜太陽神也不只是做做拜日式而已！

「疾病」永遠擺脫不了嗎？是的，因為物質世界中生命的過程就是「生老病死」；你想滿足欲望，就有物質軀體，便要經歷「生老病死」。只是各人業報不同，受苦的程度有別而已。

基本上，遵循八部瑜伽中「不傷害」的行動原則，並實踐善性的飲食，即可避免大多數的疾病與傷害。你不傷害別人，不與人為敵，別人也自然不來傷害你，與你作對。孟子所謂「仁者無敵」也應有此意吧！

有人說保持「思想正面」、「觀點平衡、愛和感恩」，就不會生病……錯！這些是善性的品質，若能化為實際行動，必能帶來善果。然而，「生病、老化、死亡」是物質能量的規律變化，是只要有「物質軀體」，就必得經歷的過程。即使有大善報，也必得受生老病死諸苦，只是程度較輕微或受苦時間較短。如果不認清真相，就會被騙！

沒有人喜歡生病或老死，因為，「真正的你」不是這個物質軀體。老病死的過程中，除了老病死直接導致的痛苦外，更大的痛苦是：你認為物質軀體就是自己的全部！

Facts

只為了讓物質世界運作下去……

至尊主創造了物質世界，為了維持整個世界的運作，所以有業報等自然法則，也因此而帶來苦樂和生死。

奇恰凱圖王說：「雖然我們因業報法則所得到的苦樂和至尊主無關，雖然祂也不特別敵視或寵愛誰，但是祂仍透過物質能量的代理，創造了物質世界中的善行和惡行。為了讓物質世界的生活繼續下去，祂也創造了苦樂、吉凶、生死、束縛和解脫。」（6.17.23）

對抗疾病的真相

「對抗疾病」是醫學對人類極大的貢獻。醫學史上的英雄們：如發明天花疫苗的威廉・貞納（William Jenner）、找到肺炎桿菌的羅伯特・柯許（Robert Koch）；教導醫師消毒雙手，防止婦女在分娩過程中被感染的瑟蒙衛斯（Ignaz Philipp Semmelweise）。他們解救苦難靈魂的奮鬥精神，讓人景仰不已。然而，疾病真的「被有效對抗」了嗎？

杜伯斯博士（Rene Jules Dubos, 1901-1982）是美國的微生物學家、病理學家，也是經濟社會觀察家，他曾寫下《*So Human An Animal*》一書而獲得「普立茲獎」。他在另一本書中提出他對「健康」的研究結論：健康是不切實際的理想，追求健康有如追逐幻象。註9

杜伯斯博士指出「疾病」永遠不可能被「征服」。疾病是人類存在的一個無可避免的狀況，今日的解藥無可避免地會變成明日疾病的元凶。

他引用豐富的證據說明：人類的疾病來自於複雜的社會、政治、經濟因素。所以，隨著社會不斷演變，人類的疾病也會隨之變化。有些疾病會自動消失，但是因為物質能量的無窮補給，所以自會有別的疾病取而代之。譬如說現代人不會因天花、傷寒、白喉而死，但是所謂「醫學的進步」是將人們推向另一類死法而已：心血管疾病、各種癌症、精神疾病、憂鬱、濫用藥物、自殺等等。

昔日醫界英雄也和那些疾病和細菌的暫時消失無關。因為就算他們不發現疫苗，隨著社會環境改變、經濟結構改變，之前的疾病也會逐漸消失。但是新的災難卻也在慢慢成形。杜伯斯的警告是：過去肆虐的疾病絕非「已被征服」、「已被消滅」，因為只要時機妥當，他們將重返人類社會！

二十世紀末的許多事件都證明了杜伯斯無與倫比的精確預言。然而，他對未來並不悲觀。他說，人類的問題要看各地的環境和選擇而定。因為人類有強韌的「生命力」，大自然也有生生不息的力量（物質能量永不停息的循環），而且人類已逐漸警覺到工業化的生活對大自然的破壞，無異是在殘害人類本身。所以，未來仍是光明的。人類終將反省自己的行動，並轉而提倡注重生態平衡的環境。

行文至此，不禁想到「金融風暴」正襲捲全球，不斷攀升的物價也使大家人心惶惶，眾多媒體更幾乎一面倒地唱衰。但若能「平心靜氣」，日子難過還不是一樣能過！其實，經典早已預言現在這個鐵器年代的衰敗及毀滅。問題點倒不是人類即將滅亡，而是：鐵器年代才過了五千年左右，人類社會就已烏煙瘴氣至此，日子已是如此難過！而離毀滅還有四十二萬七千年！你打算要怎麼過下去？

必有死亡

美國人說狄馬喬（Joe DiMaggio）是籃球場上不死的神，美國人也說貓王「不可能會死」。人們會這樣說，是因為大家心裡都渴望著……不要死！雖然，啟蒙時代的思想家對抗傳統宗教，然而，他們轉換不了人對「永生」的基本渴求，他們只能將「救世主」從耶穌基督改為科學。他們自己也無法避免「想要超越生老病死」的渴望。

你我的內心深處都是如此。可惜的是，大多數的人是愚蠢的，這項「超越死亡」的計畫從一開始就註定失敗：因為我們所追隨的對象，都是挑戰死亡的「失敗者」。幾百萬年來，所有的有機體都在求生存，和我們現在沒兩樣。但請你想一想，時間一直在往前走，從古到今，有誰真正「超越病與死」？

有時政府或科學界會發表一些關於「死亡率」的數據，多半就是說在一群人當中，每天吃某物或做某事的人，和不這麼做的人其死亡率之比較。這些數據讓「很在意死」的人像白老鼠一樣，有了使自己生活忙碌的目標；但是，這些都只是相對的統計數字，不是真理。

真理是：在物質能量之中，你的死亡率，不，每一個生命體的死亡率都是：百分之百——必死無疑！就是這樣，誰也沒有辦法！

Facts

死亡地圖的省思

英國有一項研究指出，死因會因地而異；死因的最大變數不是遺傳，而是環境（居住地）和生活習慣（如吸菸、飲酒、運動）。

有本名為《死神之路地圖》（*The Grim Reapers Road Map: An Atlas of Mortality in Britain*）的著作，把一九八一年到二〇〇四年間英國每個城鎮的死亡率標準化，是英國第一本將死亡與地區的相互關係繪製成圖的書。

此書作者之一是雪菲爾大學人文地理學教授鐸凌（Danny Dorling）。他指出：英國人目前平均壽命是七十四點四歲，但高級地段居民有百分之四十二活到八十歲以上，貧窮地區則有兩成五民眾活不過六十歲。所以，貧富是影響死亡的最重要環境因素，他希望死亡地圖「可以刺激讀者省思人生有多麼不公平」！

如果耗費鉅大人力財力所製作的書籍，其目的只能讓人「省思人生有多麼不公平」，那麼其價值何在？那是人人都已知道、也體會到的事件表面。如果人生的確不公平，知識份子就有責任教育人民該如何在「明知不公平」的狀況下找到出路，好好活下去！

而且，現代人所謂的「長壽」狀況有很多種，每天和維生器械相依為命的生活，你覺得如何？有錢而老病，卻因醫藥而苟活，這樣的生存有何意義？恐怕對自己、對他人，都是痛苦吧！

★生死輪迴的循環

梵是無上的、不滅的生命體。靈性個體即為生命體的永恆本質。行動創造了不同的物質軀體，並使靈性個體於其中生死輪迴。(8.3)

正如靈魂（靈體及精微體）會經歷身體的童年、青年和老年的變化一樣，現有的身體死亡後，靈魂會進入另一個身體。清醒的人不會被這種現象迷惑。(2.13)

一生之中，物質軀體一直在變化；小至細胞，大至摩天大樓，也都要經過「生老病死」，或「創造、維繫、毀滅」的循環。而在生生世世之間的「生死輪迴」也是循環。

在古希臘，蘇格拉底、柏拉圖、畢達哥拉斯等哲學家都接受生死輪迴為真理。

有經典說：人死就不再存在了。這個觀點否認在身體之內有生命力、靈體的存在，或者說他們認為「身體就是生命」。也就是說，出生之前，死亡之後，是無盡的永恆。你只活一次？！

問題是：若死後，「人」就不存在，那後來「復活」的是什麼？

如果，神和祂的話語都是屬靈真理，我們既然都是祂的兒女，那為什麼我們會沒有屬靈的部分（靈性個體）？

也有人說：人死了就沒感覺。從某個角度來看也沒錯，因為「死人」是指「靈魂已離開了」

生死輪迴的循環

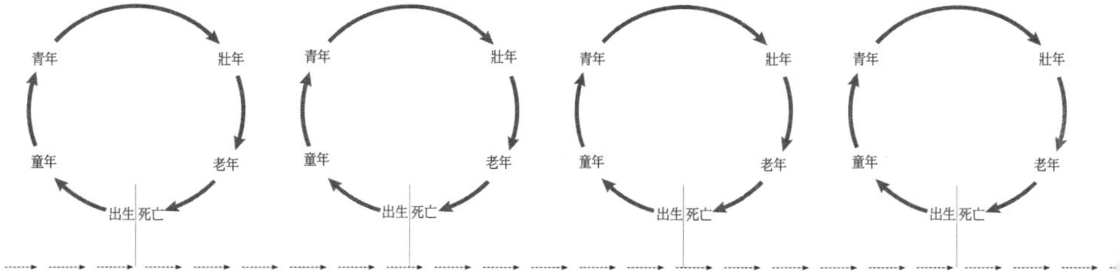

說明：

→：出生後，隨著時間進展而成長、茁壯、衰老、死亡。

--->：死亡時，靈體進入另一個時空中的軀體，但其過程肉眼不可見。

的身體——這個「身體」不再有感覺，也不能動。

因為你的「靈性、生命力、意識」已離開了身體，身體（物質）就沒感覺、不能動，這就證明了身體是死的，沒有生命力的。也不可能從物質創造出生命，除非靈體、生命力進去了！

所以，你的真正價值在於你的靈性、生命力、意識！

而且，你的生命不會因身體死亡而告終！所謂「死亡」，是另一段生命的開始：你（靈體）帶著精微體（你的願望和業報），離開舊身體，進入新身體（15.8）。出生後，再次經歷老病，最後身體不堪使用，又透過「死亡」與「再生」，再得到一個新身體……如此循環不已，如輪一般，生死相接，永無結束，即為「生死輪迴」。

生死輪迴——火的比喻

奎師那說：「有生就有死，有死就有生。既然兩者都無法避免，你又何必哀嘆？眾生起初不可見，中間時展示，毀

滅後仍不可見。這種情形有什麼好哀嘆的呢？」（2.27-28）

「物質世界的眾生——這些永恆的靈體，是我的一小部分，……物質軀體的主人——靈體要離開或接受新的軀體時，他都以精微體帶著這些感官，就好像空氣帶著來自物體的香味，然後又到別處去。靈體得到新的眼、耳、鼻、舌、身、心等感官，享受適合新軀體的感官對象。」（15.7-9）

聖帕布帕德說：你和五大元素中的「火」一樣，永遠存在於大自然中。但是在某種物質條件之下，譬如說做出「鑽鑿木頭」這個動作，「火」便會出現，但時間一到，它就消失。所謂「生死輪迴」也類似這樣的狀況。你，微小到不可見的靈體，是永恆的，一直都存在。但在某種條件之下，就得到身體而出現、「誕生」；在某種條件下，就「死亡」：離開這個身體，而「消失」在我們眼前。其實，你一直都存在，也沒有損傷；只不過是活著時顯現（有看得到、會動的身體），死掉後不顯現（身體沒感覺、不會動，因為你，靈體已跑到另一個身體去了）。

為什麼要解脫？

生死輪迴若是必然的短暫循環，那為什麼要從生死輪迴中解脫？

原因很簡單：因為生老病死固然「很痛苦」！但若一直重覆，會覺得「很無聊」！

因為日日月月歲歲年年，生生世世又生生世世，你一直都在做相同的事！物質生活的根本問題是：永無止盡的循環！難怪大家都喜歡創新、多變，否則如何繼續下去？

聖帕布帕德說那是：chewing the chewed！（咀嚼那已咀嚼過的。）——嚼到完全沒味道時，只想吐！

世間已有不少引人垂涎的美味，叫人吃喝不盡。然而，為何飲食的內容仍需不斷求新求變？那正是因為無論如何美味，都經不起「一吃再吃」之後的「膩」！「假我意識」下的物質生活也是如此；更何況不知已輪迴多少生世？反覆循環的模式讓人極欲出軌，或尋求各種解脫之道。

這並不是物質能量的錯，而是你，靈體應該回復「真我意識」！

★業報的循環

經典說業報是行動的循環（11.22.46 要旨）。一個行動會帶來某種報應，我們又會因受到此報應的刺激，而做出另一個行動。業報便如此這般一直循環下去，加上時間的因素後，格外錯綜複雜。（業報的詳細說明請參見本書第十章）

澳洲原住民有一種叫做「回力鏢」（Boomerang）的武器。擲出去的回力鏢會旋回「發鏢者」手中。行動是「發出的回力鏢」，報應是「旋回的回力鏢」。只不過，業報會一直一直進行下去，到後來根本看不清楚哪一個是哪一個；而且加上時間和物質三重屬性的力量，使渺小的人類陷入深不見底的漩渦之中。

奎師那說：「你和我都已經歷過生生世世。懲敵者啊，但我知道所有的事，你卻不知道。」(4.5)

業報是不斷循環的連鎖效應。對陷入業報循環的人而言，物質世界是沒有盡頭的。物質世界被奎師那比喻為靈性世界這棵真實之樹的倒影；人們從某一虛幻的樹幹流浪到下一根樹幹，就這樣不停地漫遊。依戀執著於此倒影之樹者，永遠無法解脫。看不出物質世界是「真實的靈性世界」之倒影者，無法避免痛苦。

奎師那說：「據說有株不朽的榕樹，其根往上行，其枝往下垂，其葉是韋達贊歌，知此樹者便知韋達經典。

榕樹枝幹受物質三重屬性所滋養，往上往下伸展，細枝是感官對象。纏繞連綿的根在人世間處處蔓生，是活動不斷絕的緣由。

此樹的真實形態、其盡頭、其源頭、其基礎，在這世間無人能理解。有識之士堅決地揮出棄絕之劍，斬斷這株盤根錯節的榕樹。

他應該搜尋出寶藏，寶藏到手，便不再回來。他應該求得那原人的護佑，無始的輪迴從祂而來，不斷延續。」（15.1-4）

不知道行動的本質和真義，只憑自己的想像去追求解脫，終究只是在倒影之樹上做夢中之夢。

★祭祀的循環

眾生的身體靠食物滋養。食物來自於雨水。雨水來自於祭祀。祭祀來自於賦定職責。賦定職責來自於韋達經典。韋達經典來自於梵。因此，這無所不在的梵，永恆地處於祭祀之中。不依據這個循環法則行動的人，過著罪惡生活，只想感官享樂，卻是虛度一生。」（3.14-16）

根據韋達經典的記載，祭壇上有五種供品會被供到五種火燄之中。這五種供品是：信仰、月球上的享受者、雨水、穀物、精液。這五種火燄──「接受供品者」分別是：天堂星球、雲朵、地球、男人、女人。

所以，信仰的具體行動──祭祀，讓你得以前往天堂星球享樂。一旦祭祀的福報用盡，

祭祀的循環

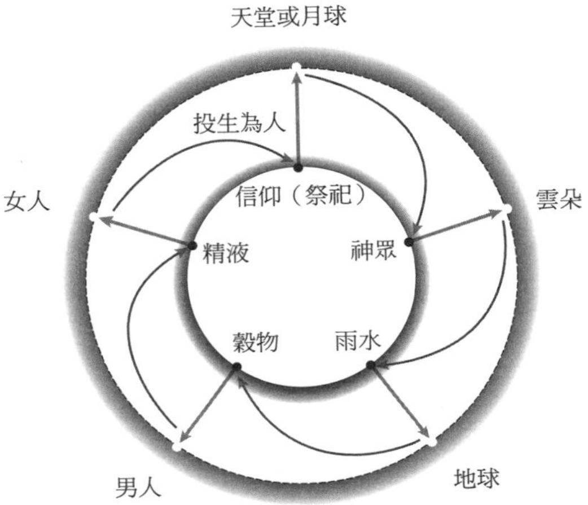

你（天堂或月球上的享受者）便成為雲朵，再化為雨水降落在地球上，被穀物吸收。男人吃下穀物，便將之化為精液使婦女受孕。這樣，你便又投生做人。

重新投生後，若你還挺希望再來一回天堂享樂，經過一番尋覓追求之後，你一定會發現「祭祀」這種行動真的很有效果。所以，你便又從事祭祀，以便投生天堂，或在地球上過著天堂般富裕健康的生活。

因此，祭祀便形成一個物質活動的循環。好此道者，也許樂此不疲。

「若是在有煙或黑夜時離去，在月亮漸缺的兩週中離去，或在太陽行進於南方的半年中離去，他們會到天堂享樂，然後再回來。」（8.25）

《薄伽梵歌》第四章中提到不同種類的祭祀。人們從事祭祀以銷毀罪惡，或得到權勢與享樂。（4.30）然而，奎師那的結論是：能得到「靈性知識」的祭祀最為崇高，因為可終止業報循環。（4.33）否則，無人可保證在這危機四伏的物質世界，是否總能正確行動、避免錯誤行動！換言之，就算有大善報，出身富貴之家，樂多苦少，但「飽暖思淫慾」，或被好運沖昏頭，有時反而容易做出錯誤行動，而沉淪墮落。

★人生目標的循環

韋達經典中說到人生有四大目標：

（一）、宗教職責 dharma

（二）、經濟發展 artha

（三）、感官享樂 kama

（四）、解脫 moksha

這四大目標也構成循環。

世俗的宗教只能提供給人類這樣永無休止的循環。

善盡宗教職責之人，會有善報，讓他所從事的經濟活動順利發展，他因此而得到各種富裕。一旦得到物質財富，人幾乎沒有例外的都要找樂子。玩得越來越過火時，「使靈性墮落」的

「非宗教行為」就發生了，例如為了大量吃肉而屠宰動物，或吸毒、縱慾，甚至為了更大的利益而起衝突，國與國之間也因此而有戰爭。「感官享樂」主宰人類生活後，各種聲色刺激使人身心耗損，因而感官遲鈍，或心情憂鬱沮喪。二十世紀後，人們的各種身心併發症即為明證！人們以為高科技、性解放、放縱感官是好事，其實是大錯特錯。

不善盡職責之人，自然無法順利進行經濟活動，他們苦於匱乏的生活、無法滿足的感官。所以，履行或忽視宗教職責，到後來都會尋求解決之道，想從痛苦悲傷之中解脫出來。嚐盡了人生苦樂後，人便想試試解脫的滋味。但解脫到底是什麼？自由經濟、產品創新、消費至上、享受生活，這些不都是我們追求的嗎？為何又想擺脫？而在資本主義社會中的「解脫」廣告能讓你看到真相嗎？

要小心這些「假解脫」的誘惑！他們只想要你口袋裡的錢，他們說出你深埋心底的欲望，然後不負責任地鼓勵你，「不要有壓力」、「不用管規矩」、儘管去做那些「經典禁止」的事，或是買產品就好。過去公認的「惡事」，現代可以堂而皇之地，甚至引經據典地去做（有些是自創的經典、學說、理論）。也許一開始你有點訝異，但是做惡墮落是容易的，甚至是更令人興奮與期待的。以「附和消費群眾」的心態所設計的心靈成長課程，甚至於讓人反而從事更多的「非宗教行為」，最終會墮入地獄般的生活。

造成「身心問題」的根本原因正是「過度的經濟發展」與「過多的感官享樂」，而要從問題

人生目標的循環

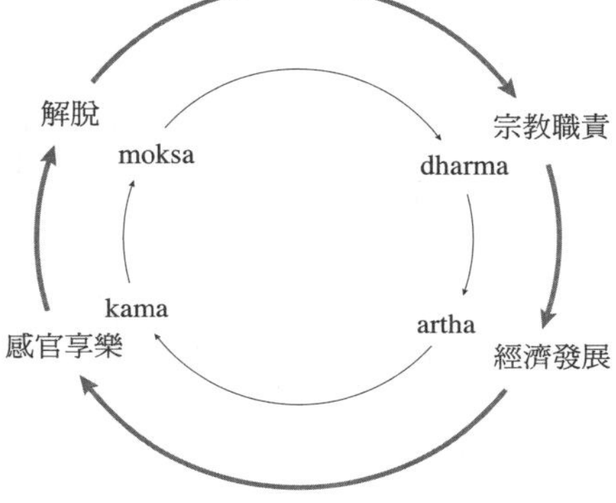

中「解脫」出來，只需調整為「適度」。否則，「經濟發展和感官享樂」會以「解脫」為名，反而將人捆綁得更深！

真要尋求解脫，第一步便是要回到第一大目標——「宗教職責」。

「人依照自己的地位而履行職責，但是如果沒有『對至尊主的信息』有興趣，那麼他努力所做的種種活動，完全是徒勞無功的。善盡一切職責的確帶來終極的解脫；但不應該只為了物質上的利益而履行職責。尤其，履行永恆職責的人，永遠不應該用物質上的利益去做感官享樂的事。」(1.2.8-9)

所以，不應為了經濟發展和感官享樂，才去履行職責或宗教正法；或者反過來說，在履行職責之後不應沉溺於經濟發展和感官享樂。

身而為人，要確認自己的「社會四階層」和「人生四階段」。士農工商，各有其道，各有其該做與不該做的事情。人生各階段也是如此；學生應該學習控制自己的感官，充實學問或專業，卻不應該上街抗議！年過七十，早該收攝心念，提昇意識狀態，準備死亡，卻不該再組家庭，或只想賺錢！

當人能真正地「善盡職責」，從事正確行動，避免錯誤行動，那麼，「經濟發展」和「感官享樂」便能適度地得到滿足，而且，意識狀態才能逐漸被淨化。否則，善盡職責後的善報會營造出種種情境，會讓你非常容易地忽略職責，或做錯事，或因貪念而追求過度的經濟發展、感官享樂，而陷入上述的行動循環中……

所以，一方面要堅定地履行職責，做該做的事；同時要「不執著」、「不依戀」善行的果報。

> 智力不到處攀緣、執著，控制心念及感官，去除享樂的欲望，棄絕所有的行動，你就能臻達無上的完美。(18.49)

「棄絕所有的行動」並非「不行動」，而是「行動卻無享受成果的欲望」！即使有「宗教」為名，卻仍無法跳脫這種在享樂和解脫之中的來回循環，這是真想解脫的人要認清的！

我們也要問：是否有超越這些循環力量的方法？

Facts

現代人的五種苦

網路上流傳一則冷笑話。現代人的苦除了「生、病、死、老年」之外，還有「新世紀」：birth, disease, death, old age & new age！

以前只有「生老病死」四種苦。受苦的人會乖乖地尋求正信宗教的庇護，臣服在神、佛、菩薩等權威之下，懺悔自己的過錯，承認自己的渺小、脆弱，約束自己的行動，循規蹈矩，以追求解脫。

但是，現代人「才沒那麼傻」！不想接受權威、也不想放棄感官享樂的他們，創造自己的經典、理論、信仰，為了迎合有著同樣心態的社會大眾，他們不談宗教、不信神，或只說神的「非人格」面（滿足人類感官享樂的物質能量！）聲稱可以不用老病死，並推廣自創的「非宗教行為」，誘人成魔！這會帶來比生老病死更為可怕的結果！

急於解決「身心壓力」等症狀，人們在沒有完整知識的情況下，便投靠於「誇大效果」、「誤導」的心靈課程。這些廣告讓人不知不覺地接受「似是而非」的理論，並做出種種錯誤行動，反而越陷越深！所以，「新世紀」是人的第五種苦惱。

第三篇

改變命運的關鍵

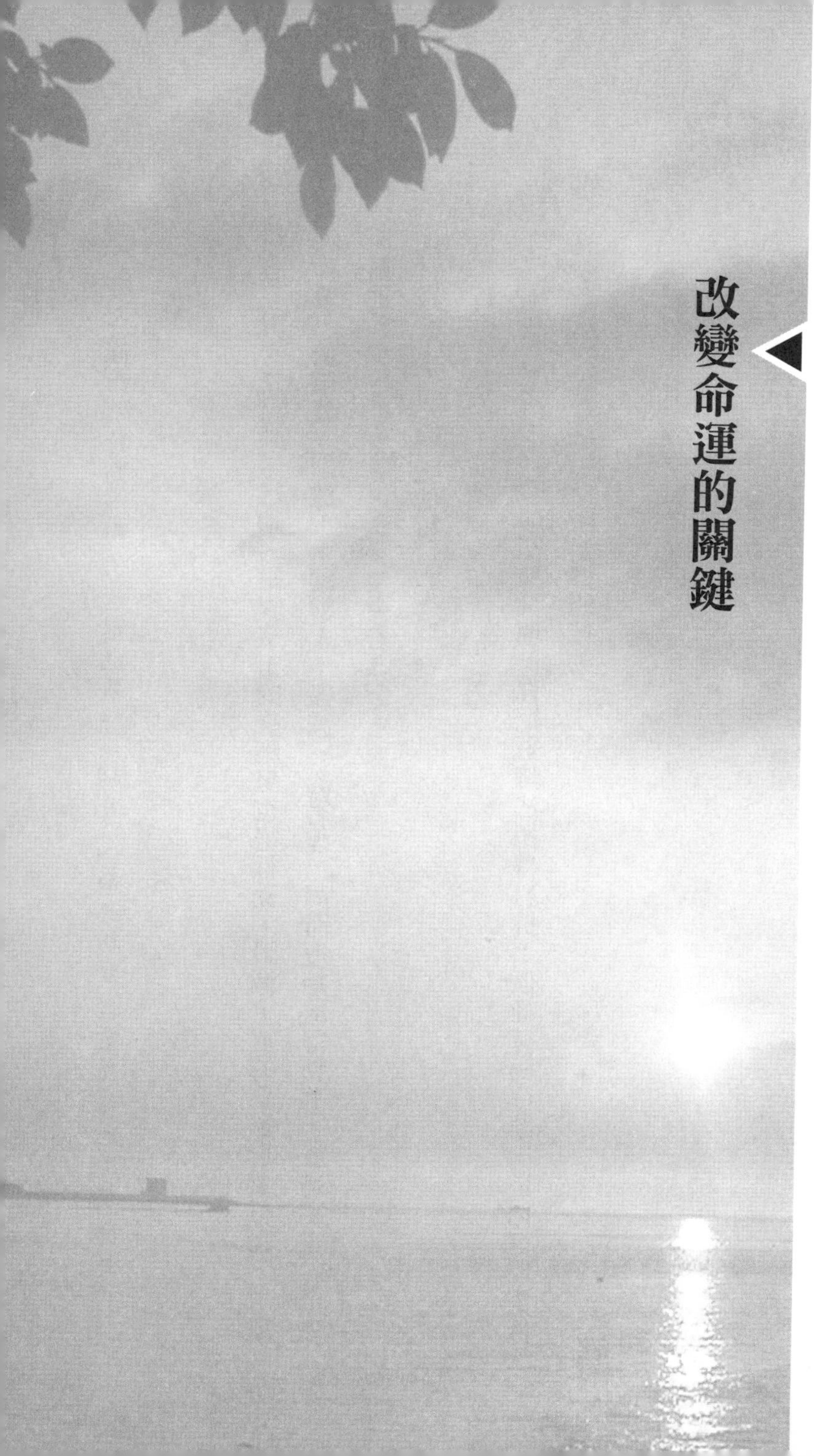

「沒有人能夠不行動，即使一刻也不行。所有人都受物質三重屬性的驅使而被迫行動。」(3.5)

創造宇宙的梵天必得行動，維繫宇宙的維施努也得行動，毀滅宇宙的希瓦也要行動。這些偉大的神眾，依循著「創造——維繫——毀滅」的過程，周而復始地行動著，於是宇宙、眾生就一而再地顯現、消失……。(8.18-19, 9.10)

善惡報應、生死輪迴都是行動造成的！

但不行動，甚至不能維持生命！(3.10)

《薄伽梵歌》所提到的前四項真理，你絕對無法扭轉對抗！但唯有「行動」是你可以選擇的；改變命運的關鍵是「你所選擇的行動」！

第十章　無所逃於天地間

物質三重屬性的力量，充斥物質世界——無微不至，無孔不入！

它不僅塑造你的身體，也驅使你的感官和心念去行動，更讓你自然地成為社會上某種階層的人。

若一切都是物質三重屬性造成的，那就算我犯法，也沒有罪吧?!錯，有罪！

原因是：從事錯誤行動的是「你」。這個責任，還是要由「你」來負！

這就好像參加機智問答時，call out 求救，卻仍然答錯了。救援者沒有損失，但你卻因而失敗。你不能說這是 call out 或救援者的錯，因為那是你的選擇！

「人受自己屬性的捆綁而從事行動；所以，雖然困惑，但你還是會無奈地做出你不想做的事。」（18.60）所以，要喚醒靈性，必須警覺到三重屬性的滲透力。如果不努力趨向於善性，在激性和惰性的包圍和攻擊時，就只能無奈地看著自己做出不想做的事。

★行動必有報應——業報法則

「按照你此生所做的『宗教活動』與『非宗教活動』的程序與比例，你會在未來受到相對的報應而享樂或受苦。」（6.1.45）

有原因，就有結果。行動（業，karma）是原因，它所產生的結果稱為「報應」。合稱「業報」。

業報法則從物理學上說就是：凡有作用力出去，必有一反作用力回來。行動是「作用力」，報應是「反作用力」。

「大自然會報復那些破壞她法則的人。報復的工具是磁性共感（吸引力法則），這部機器從不出錯，沒有人能逃得了。唯一的解決辦法，是在日常生活裡導入大自然力中『善良』的力量，使之發揮作用。」註10

有人問：為什麼神不多為我們著想，只要造一個人人均可心想事成、只有快樂的世界給我們就好，為什麼要有業報法則來箝制我們？

這是因為人人都有願望啊。物質世界是一個你可以實現願望的地方，業報法則便是幫助你實現願望的方法！害怕或不想遵循業報法則的人，誤以為這是用來懲罰他的，但真相是：你為什麼不先弄懂物質世界的遊戲規則？

小時候玩的遊戲，長大後的工作或創業，哪一件事會沒有道理、沒有法則？就算只是要追一個女孩，你都要先懂她的法則！只想玩樂，卻不想弄懂或遵守法則，人家要跟你解釋時，還一直生氣或冷漠以對，或拒絕法則到底，這不是無知到瘋狂，是什麼？

有因果業報，才公平！

印度聖哲禪那克亞（Chanakya Pandit）曾說過：「在母親子宮中的胎兒雖然尚未出世，不過，他的命運中已經有五項事情是可以確定的：壽命、行動傾向、財富、知識、死亡之時。」註11

很多人說這個世界是「偶然」造成的，事情的發生是「隨機」的，人的成功靠的是「運氣」。若果真如此，為什麼遠古那些智慧高超的聖人、那些完美無誤的經典卻說：「人的一生是注定的！」

平凡而無知的我們常常遭受痛苦、不幸。此時，該如何呢？怪罪他人：「都是你啦。」或「都是他的錯！」「是童年時期的創傷。」……或質疑上蒼：「為什麼要這樣對我？」「為什麼欺負我！」或咒罵老天爺：「老天無眼?!」「天地不仁！」「沒有天理！」

但是，有用嗎？這個世界就是有因果、有業報法則才能做到公平，不是嗎？做多少事，給多少錢。做錯事，受罰；做對事，獎勵；不做事，啥都沒有！

明明播下西瓜的種子，採收的時候竟然是綠豆，那不是「見鬼了?!」「種瓜得瓜、種豆得豆」是真理，永遠適用，不會改變。如此，世人才能安心地依循正道，並得到他預期的成果。雖然因為有「時間」在作用，所以成果的顯現或快或慢，但是一定要有耐心、信心。就好比灑下綠豆種子後，如果想吃芽菜，只要幾天就可以了；但是，若要收成綠豆，得等上好幾個月。

很多人無法相信業報法則，原因之一是：為何好人早死？壞人出頭？我們的物質軀體和感官都是受限制的。所以，每個人認定的好壞，往往是「個人的感覺或喜好」，是主觀的經驗，不一定符合經典的標準。

有朋友曾提起他的舅舅是多好多好的一個人，但才五十左右就死於工廠大火，他就不信有因果。然而，「做人很好」不一定是正確行動！善報、福報是因個人實際做出「正確行動」而來，不是「凡事都說好」的好好先生！

而且，有時候因善報而出身富貴的人往往會驕傲起來，因惡報而出身卑微的人卻有可能洗心革面。所以，你現在所謂的壞人以前也許是善人，而你現在認定的好人有可能以前是壞人！

如果只有這一世，業報都不容易追溯清楚，更何況之前生生世世的錯綜複雜。所以，時間和三重屬性都是會讓人越來越迷失、困惑的物質能量！

自作自受

你的善行和惡行都會留下印記（samskara），印記若沒有即時以結果顯現出來，就會被儲存於你的精微體中，並隨著你（靈體）進入下一個軀體。業報的顯現很像植物的成長，有些已開花結果，有些則仍在種子、發芽階段。

而這些不斷累積的印記會形成你的潛意識，造就你的傾向、氣質、性格、外貌、人際關係。事實上，也不需探討潛意識、前世，你現在的身材體型就是你今生的業報。

你現在所想的東西，所做的事情，都會在未來或來生回應給你。也就是過去的「因」產生現在的「果」；現在的果又會成為未來的因，在更遠的未來開花結果。隨著時間的進行，因果就這樣循環發生。那麼，是「誰」種的因，是「誰」收的果？「含淚播種的，必歡欣收割」——這完全是你「自作自受」啊！

你現在的身體便是過去的思想和行動的產物，不論你要求哪種自由，也不論你喊得多大聲，一旦得到了某種類型的身體和出身，你的際遇就已大致底定。這也是許多人覺得老天不公平的地方，但實情是：老天只是制定了對一切眾生公平的業報法則，而你所得到的一切都是「自作自受」而已。

有些人也許無法確定「因」是什麼，然而，你現在的「意識狀態」、思想、行動模式已是「果」！請先接受自己所受的善報與惡報，這樣你才能逐漸看清自己原先看不到的盲點！

改變人生的關鍵

很多人不相信有業報，也不相信業報是公平的；這樣的人隨心所欲，自以為自由快樂。相信業報的人則謹慎選擇行動；他行動前會先考慮後果。

一旦發生不幸，不相信業報法則的人無法理解自己為何受苦？在嘗試一切方法後，他開始怨天尤人；然而，他不反省自己，也不知如何創造幸福快樂。不接受業報法則的人會覺得：人生是多麼不公平啊！但是，他其實一點辦法也沒有。他只能不斷地可憐自己，可憐別人，不停地問為什麼，在無知的黑暗中哭泣……。

業報法則是真理，在生活中有許多例子可以印證。好比說1＋1＝2，2×3＝6，氫氣燃燒後變成水。（$2H_2 + O_2 = 2H_2O$。）

撞球的人也要思考因果，決定母球要先撞哪顆球，最後才能讓目標球順利落袋。搭公車的人也接受因果，因為班車停靠的站牌、順序都是預先設定好的規則，只要坐上某車，就可順利到達某站。但是，如果公車司機不按路線行駛，不守規則，誰敢坐公車？

如果現在過得不快樂、不富裕、不成功，但你願意相信業報法則，能接受「自己過去曾做錯事，所以該受此罰」；並從今日起，不問收獲地從事正確行動、避免錯誤行動。這樣，你才可以從行動的抉擇，到意識的提昇，真正改變自己的命運！

Facts

心想事成！

為何不能心想事成？

1. 完全受「激性與墮性」掌控，未經訓練的「心念」無法專注於美好思想。

2. 未經鍛鍊的「智力」，加上「假我」的誤導，使人許下錯誤的願望（只想滿足自己的感官，或甚至想傷害別人），到最後卻從事錯誤行動，帶來惡果！

3. 沒有苦行，也就沒有那種善報。心想事成是非常高的成就，是極大的苦行和冥想之後，才能得到的成果。沒有實際的行動付出，卻空談心想事成，純屬浪費時間。

「心想事成」可以是真的，但前提是你的心要很純粹、很專注，這需要長時間的淨化與鍛鍊。但行動能很容易、快速地帶來結果！所以，要根據經典，要深刻了解何謂「錯誤行動」、「正確行動」，並謹慎避免錯誤行動，積極實踐正確行動！

★業報的移轉

人與人接觸時，便會有某種程度上的業報移轉。惡報可藉由人與人之間的對話、互相碰觸、經常聯誼、共餐、同坐、同臥，甚至是同行來傳播或移轉。註12

聖帕布帕德提醒門徒，「給予食物的人」會把惡報移轉給「奉獻者」（修習奉愛瑜伽的人）；而且，不同種類的食物有著不同程度的惡報。

惡報	惡報程度輕微↓↓↓↓↓↓↓↓↓↓↓↓↓↓惡報程度嚴重
食物	水↓未經切塊的水果↓切過的水果↓油炸物↓煮過的穀類如米飯

買未經處理、烹調的食物，販賣者的業報不會移轉到你身上；但若是煮熟的食物，那麼廚子的心念、思想、業報會透過這樣的食物移轉給你！

有些印度人特別喜歡邀請奉獻者到他家吃飯！原因之一是奉獻者可以淨化他們的家，會分擔他們的惡報。慈悲的奉獻者如聖帕布帕德，他不介意別人這樣的心態，因為他一心只想解救他們的靈魂；但是其他人很可能在吃下這種別有用心的食物後生病或不舒服。

相對而言，若由意識層次較高的人掌廚，食用者就能在靈性上有所提昇。在印度，有靈性知識的人家，雖然有女僕在幫忙洗洗切切，但真正開火烹調時，都是由女主人親自出手。有些人家甚至會特別找婆羅門（靈性知識階層）來掌廚。

Facts

愛情幻象

愛情是假象，也是業報的結果；雖然，有些人的愛情是惡報，有些人的是善報，但大多數都是善惡交錯。

談過一個又一個戀愛也不厭倦的人，他全身心沉溺於虛幻假象，人生也充滿虛假。他說要尋找「真愛」，卻不願誠實面對自己，不願放下假我之面具，口是心非，言行不一。

談過一些戀愛，稍微誠實的人也許比較不看重外表條件，但他強調感覺，他說自己要找的是「靈魂伴侶」。但是，因為沒有靈性知識，他誤以為短暫的「心念、智力、假我」喜歡的對象就是靈魂伴侶。

所有已發生的事，便是業報的呈現。婚姻當然也是業報，但，婚姻更是責任、也是鍛鍊。男女雙方都願意一起真實地生活，在過程中看到真實的對方，也看到真實的自己，然後還願意一起走下去。為了婚姻的誓約，至少要為對方一人而改變，而負起改善自己的責任，為提昇身心靈而努力從事正確行動！

★去除業報

占星學與業報

被儲存起來的印記（samskara）會顯示在個人命盤上。所以占星學可以準確預測個人的生理外貌、心理人格特質和重大事件等等。

人們研究占星學，利用星座排列的位置，對應到人事。在某一特定時辰出現的星象，可以對應到在當時誕生的人們共有的傾向。占星學是透過星象的位置和時間，去推算「人」和「行動」的關係。所以，業報肯定是存在的；因為真有業報存在，我們才有可能用星象去推算出來。

要破解占星學的預言，便在於你是否接受「善性」的知識，並努力以行動趨向善性的生活，甚至是「超越三重屬性」的超然行動、瑜伽生活。

瞭解自己的業報便可知此生痛苦的原因。「已解脫的」聖人可以看到別人的業報，問題是這個年代騙子特別多，小人也妄稱自己看到他人的業報（和三世因果）！

受縛者如何幫人解套?!

算命不同於有經典為根據的占星學。路邊、網路上都有許多聲稱能「看因果、消業障」的人。會去找他們的多半是遇到實在無法解決的問題或病痛；也有人是心理問題、外遇危機，甚至覺得生活乏味時，便會輕信一些玄之又玄的靈異人士。反正，好玩嘛。（生活無聊的真正原因是：物質能量已滿足不了「靈性真我」的渴求！）

某些所謂「靈療師」的言談舉止間往往透露著神祕感。有的說有「高靈、天使」在指導他，有的在辦公室掛上一幅老人的畫像，然後告訴你這是他的上師，已經有「五百多歲了」。反正，他背後的「有力人士」不是你的肉眼能看到的。

至於清除業報的方法，主要是「花錢消災」。台灣民間信仰的「XX宮」都可為人辦事。早期焚燒紙錢，後來流行摺蓮花。西方則多用水晶或脈輪療法，淨化氣場。也有靈療師用心理諮商的方法，不用工具，只教人學習正向思考、轉念技巧。對大眾而言，「花點小錢」這個辦法是最省事的，既能去除惡運，甚至可創造好運。

這些人的作法有沒有效？相信他，就有效嗎？還是「有燒香，就有保佑」？

你再想想：所有人都一樣，都在物質能量和自然法則的「捆綁」下過活。一個自己也被綁住的人，如何幫別人解開繩索？如果真能改運、開運，那些命理師或經營相關商品的業者，其命運又是如何？

如果你只是想見識一下類似魔術花招的「神跡」，那我無話可說。倘若你是真的想「洗淨自己」，那我得老實告訴你：「這世間能清除業報的人非常罕有。」而那些用「幫人清除業報」賺錢過活的人，他自己的業報又如何？

業報是你惹來的，所以關鍵還是在於你本身。除非有一個「能超越物質能量的力量」，否則，清除業報只是空談。

真正不受業報捆綁

阿爾諸納說：「他們怎能不向祢致敬？神眾之主啊，祢是原初的創造者，比梵天還偉大。祢是不滅的梵，無限的人，宇宙的居所！祢超越物質世界，也超越因果。」(11.37)

奎師那說：「信心堅定地遵循我的教導，毫無嫉妒，這樣的人不會被行動的業報所捆綁。」(3.31)

「我不受行動污染，也不追求行動的成果。了解我這一特點的人就不被行動所捆綁。」（4.14）

「修練奉愛瑜伽，為我做純粹的服務，這樣的人立刻超越三重屬性，並且得到梵。」（14.26）

第十一章　行動之前，先想一想

如果人人都能正確行動，世間就不會有那麼多的災難、痛苦。因為世間的確有種種邪惡存在，所以可推論：大多數的人所做的是錯誤行動；有些人是因為「欠缺知識」，不知道什麼該做、什麼不該做；有些人則是因為「控制不了自己」。

為什麼人會明知故犯？

這是因為受制於激性（3.37），因此便成了欲望的奴隸；欲望一增多，人會受制於墮性，變得無知，並受虛幻假象的作弄。

他的行動可能會提昇他，讓他來世得到神眾的軀體，但也可能使他墮落，使他連人都當不起，而投生於畜生道。（13.22）

遠古以來，我們就一直因為自己過去所做的事而享樂或受苦：有時高升到天堂，有時下墮到地獄，有時在人間徘徊，就像坐雲霄飛車起起落落。而看到自己或別人的惡報現前時，也叫人驚呼：「這是報應、報應吶！」

惡報的表徵

身體／環境	精微體	性格	人生機會
相貌醜陋或畸形、疾病	愚蠢、無知	吝嗇	坐牢
貧窮	悲傷	懦弱	惡名
出生於落後國家	說謊、出口傷人	隨便、淫蕩	

★三種行動

韋達經典中記載著特定的行動與報應之間的關聯，但其實，比起研究前世今生更有意義的是——瞭解三種行動：錯誤行動、正確行動、超然行動；並據以行事。

不必等來生，現在你所採取的行動，便可在今生為你創造一個更好的物質軀體，或者，更高階的意識和生命品質。

人活著一定要行動，行動就是「業」（karma），可分為三類（4.17），其結果（報應）也有三類：

（一）正確行動（karma）：karma在此解釋為正確行動，它會帶來善報。

（二）錯誤行動（vikarma）：經典明文禁止的行動，因為這樣的行動必然招來惡報。

（三）超然行動（akarma）：超然行動沒有業報，就是能從善報與惡報中解脫出來的行動。（2.50）

錯誤行動會帶來惡報。投生到意識層次低的物種，當然是錯誤行動所導致。然而，投生為人時，也可看出錯誤行動的結果，在人的「身體、精微體、性格、人生機會」上顯示出來！你可以從「惡報的表徵」的四個方面，誠實檢視自己的惡報（papa）註13。若發現自己有以上品質，先別難過。能體悟到報應現前，其實是命運「轉化」的契機。你該問的是，做了哪些「不該做」的事會有這樣的下場？

Facts

幅射污染的樹根，儲存惡業惡因的精微體

你有「身體、精微體、靈體」三個層面。靈體永恆不變，也不受傷害。

身體可比喻為樹幹，精微體則是樹根。身體死亡，就好比樹幹被砍掉，但樹根（精微體）仍在。經過一段時間之後，新樹幹又會從舊樹根繼續萌芽。

如果，原來那棵樹曾受幅射污染（惡業惡因），殘存的記憶則會保留在樹根裡；從這樣的樹根中長出的新樹幹，必也將展示出其受污染的、殘缺的結果。

同理，身體所從事過的錯誤行動，會在精微體中留下印記。舊身體死亡後，靈體會帶著精微體和這些印記前往下一個新身體。而這些印記將會適時地在新身體呈現出來！

★哪些事不該做

（一）罪惡行動

聖帕布帕德指出：錯誤行動（vikarma）是不按照韋達經典訓示而執行的活動，是任性而為的罪惡行動。

Facts

隨心所欲

「隨心所欲」的人不喜歡遵守規矩，極有可能會做錯事。做錯事就是惡業，定有惡報隨後到來。不遵循經典的規定，總是聽憑自己的意思隨心所欲，恣意妄為，這樣的人得不到完美、快樂幸福、無上目標。（16.23）

隨心所欲的人喜歡隨著自己的物質欲望行事，無法滿足時就生氣，得到後就變得更貪心！

（二）反正確行動

不從事正確行動（詳見第十二章），卻反其道而行，這也是錯誤行動。例如，傷害（殺生）、說謊、偷盜、邪淫、放縱享樂、賭博、吸毒、酗酒等等。

Facts

本性難移的大象

有一隻大象在炎炎夏日尋找水源。他費了好大的勁，才走到這冰涼的湖水裡。他愉快地、盡情地喝個飽足，又用水來洗去身上的髒污頑垢。

好不容易洗個乾淨；可奇怪的是，一上了岸後，他竟然在泥沙地上滾來滾去，馬上又把自己弄得髒兮兮。

如果馬上就要把自己弄髒，那麼洗澡是沒多大意義的。如果清除惡報後，仍舊不改惡習，那麼清除惡報也沒多大意義！

許多人花錢、花時間來祈禱、齋戒、佈施、祭祀。但是這些宗教活動一結束，他便要飛也似地奔回到老路上。甚至欲望久經壓抑，其反彈的力道反而使人更熱烈地投入感官享受（indriya-priti）。

（三）放棄職責

「不履行賦定職責」是錯誤行動。

「每天都要履行經典所規定的職責，這勝過不行動。不行動甚至不能維持生命。」（3.8）

不顧自己的賦定職責，或放棄正確行動，這樣的「不行動」，雖然看起來什麼都沒做，但因「沒做該做的事」，算是「錯誤行動」，反而會帶來惡報。

Facts

學濟公吃肉！

有些修行極高的人會放棄行動，甚至做錯誤行動；然而，一般人沒有資格這樣做。世人多半只看見外表，便要依樣畫葫蘆，卻沒有真正地去面對、瞭解自己。還沒淨化的他們雖然控制了感官的活動，心中卻一直惦記著感官對象，他們在自欺欺人，是偽君子。(3.4-6)

其實，真正有責任感的人，只為樹立典範，也要繼續履行職責！包括奎師那（3.22-24）和偉大的佳納卡國王（3.20）。因為「上行下效」啊（3.21）。

★魔性——帶來束縛的六種品質

「在這世間所創造出來的生物有兩種——神性的和魔性的。」（16.6）

成為「神性之人」或「魔性之人」是因為自己的願望，接著便要受「看不見的物質三重屬性」的捆綁和操縱。

為何現代——鐵器年代（卡利）是魔性時代？

你是否生生世世都一直在做錯誤行動，自己卻渾然不知？

奎師那說：「本性邪惡的人有著魔性品質：偽善、傲慢、虛榮、暴躁易怒、殘酷無情、愚昧無知。神性品質帶來解脫，魔性品質造成束縛。物欲、憤怒、貪婪會毀滅靈性真我，是通往地獄的三道門；因此，應該去除這三者。」（16.4-5,21）

「偽善、傲慢、虛榮、暴躁易怒、殘酷無情、愚昧無知」是六種魔性品質，會造成束縛，捆綁靈體，永遠不得自由自在！

「偽善、傲慢、虛榮」都是「假我意識」在作祟，都是過度認同物質軀體，執著於「我是……」、「我的……」，並受激性與惰性操縱所造成的。這樣的人很難看清行動的原則！

「暴躁易怒、殘酷無情、愚昧無知」則與「物欲、憤怒、貪婪」相關，都會引人入地獄！在那之前，則會毀滅「靈性真我」，也就是你真正的自己。

身體的死亡，無可避免；然而，這六種魔性品質是最強的手鐐腳銬，會綁住自己，甚至「殺」了自己，讓你自己──「靈性真我」永遠被覆蓋，永遠迷失、找不到回家的路！

Facts

魔──術

現代很流行魔術──變魔術、看魔術。

因為人的感官不完美，所以魔術師運用障眼法，讓人看不到真相，誤以為他有能力操縱物質能量，如神一般！

然而，你可能不知道全世界最偉大的魔術師是女性，更精確地說，她是名為「瑪亞」的女神，她已成功地騙過物質世界中的眾生，甚至於連神眾她也能騙！

筆者住家附近的文具店，外頭掛著一幅電玩的廣告布條，上頭寫的是：「女神降臨，幻想開啟，免費暢遊」。啊，我心中驚叫：「這不正是物質世界在拉人嗎！」

管理物質世界的「瑪亞女神」是幻象之源。幻象之所以「虛假」，是因為它是「短暫的物質存在」。現在，我們全都活在幻象之中，我們的身體、精微體都是物質元素構成的，都是短暫的幻象。

我們本是「靈性個體」，但受「免費暢遊」的誘惑來到物質世界，便甩不掉這需要不斷更新的物質軀體。

魔術師和瑪亞女神一樣，都使用高超的技術在欺騙我們；我們卻在被騙得不明所以時，還大笑不已、還傻傻地拼命鼓掌叫好！

高超的手法，令人驚嘆！欺騙的事實，卻少有人過問。然而，實質重於包裝。倘若包裝精緻誘人，但內容物卻是欺騙，這樣的東西有何價值？可惜，世人不察，現今，設下的騙局越大，掌聲也越大，不惜捨身投入的人也越多！

★魔思與魔行

奎師那說：「愚人輕視以人形顯現的我，他們不知道這是我最原初的靈性形象，是純粹的梵，至高無上。不能認清這項真理的人有著羅剎和阿修羅的魔性本質。如此的奉獻者，無法與至尊主同一星球；如此的行動瑜伽行者，得不到功德善報；如此的知識瑜伽行者，得不到解

脫。」(9.11-12)

「魔性想法」的基礎是：否認神或造物主的存在！「我和我的欲望」造就了一切！有了「如此想法」後，那麼距離「那種態度」、「那種口氣」、「那種行為」、「那種報應」也就不遠啦。

否定源頭

魔性之人說這個世界不真實，沒有基礎，毫無緣由地就出現，沒有主宰，也沒有創造的源頭。(16.8)

魔性想法是：這世間沒有造物主，這一切都是「願望」(物質欲望)的產物，此外，就再也沒別的了。

魔性之人否定一切權威，實際上，是自己要當權威！

不相信神的人，不相信基督、阿拉、佛祖、奎師那是至尊主的人，只相信他自己。若不接受神的權威，人無可避免地便要驕傲、狂妄起來！他會把周遭的人事物看成是他的工具，是用來滿足他的願望的。但是，死神到來時，他僅有的身體就要化為塵土，過去種種風光享樂如同夢幻泡影般消失，只剩下「真切的痛苦、恐懼、孤寂」陪伴著他。

有些魔性之人也知道物質世界是短暫的幻象，不過他卻不知道，或不接受有超越物質世界的靈性世界。他也不喜歡物質世界的虛假偽裝，但是，不斷地否定一切之後，他居然把自己的「靈性真我」、自己的「源頭」都否定掉了。

魔行

「今天我有了這個。接下來，我還要那個，和別的。現在我有了這筆財富，而那筆財富也將屬於我。」（16.13）

魔性之人身心不潔淨、行為不規矩、作息不正常、言行不合一、口是心非。他不知道什麼「該做」，什麼「不該做」？（16.7）

雖然不遵循經典的規定，他有時也表現出虔誠的樣子，還把經典當做幌子，甚至自編錯誤的教條讓人信奉。他跑遍道場，卻不是真心學習，而是像購物般選擇自己喜歡的、能生財的，或能譁眾取寵的招式；然後就帶領追隨者從事自創的祭祀、佈施、苦行等行動。（16.10）

他所做的活動對誰都沒好處，只會帶來痛苦，他們出生的目的就是要毀掉這個世界。（16.9）

他無法平靜、充滿恐懼焦慮。魔性之人滿口輕鬆自在，卻是被物質低等屬性捆綁最深的人。有時為了賺錢，還不擇手段，不顧道德法律。（16.12）

魔性之人只顧自己，又不服從，他們仗著財富權勢，驕傲蠻橫；他們舉行祭祀也只是為了炫耀，崇拜方法有誤，也不遵循經典的規定。（16.17）

『我有錢、家世高貴，有誰能與我相比？我要舉行祭祀，佈施，我要讓自己快樂。』他們就這樣地被愚昧所迷惑。（16.15）

因為魔性之人錯誤的傾向與行動，所以，他的結局是不斷地生死輪迴，而且是經由「惡魔的子宮」出生。愚人一再地出生為惡魔，永遠無法接近「絕對真理」，只能墮入越來越令人厭惡的生存狀態。（16.19-20）

★現代啟示錄

數千年前的《薄伽梵歌》所提出的魔性、魔思、魔行，就在「現代」活生生、赤裸裸地上演。

（一）崇拜工作

千百條欲望的腳鐐手銬將他們禁錮，他們臣服於物質欲望和憤怒，用不法的手段斂聚財富，只為了滿足感官享受。（16.12）

現代人崇拜工作；大家都以為有工作、有收入，便可滿足願望！人必須工作沒錯；要滿足「吃、睡、防衛、性生活」，要滿足「身體、感官、心念」的索求，這些都需要工作賺錢來維持。

然而，「吃、睡、防衛、性生活」不斷精緻化，被廣告刺激而不受控制的感官心念「要消費」，這些都與「辛勤工作」構成了惡性循環。

自然界的動物也不用像人這般操勞！牠們餓了就去找東西吃，吃夠了就休息、玩耍。但是，為了過多的欲望，人卻得逼著自己去賺過多的錢財。口袋裡沒有錢，就沒有安全感。甚至於不主動超時工作，就可能會被認為不勤奮而遭解雇。

「用不法的手段……」是指違反國家法律，以及違背大自然的循環法則！為了弄錢去走私、販毒、詐騙，肯定有惡報；而違反正常作息地大量兼差，一般媒體雖以正面報導，但個人健康和家人關係遲早也會出問題！

更可悲的是：物質主義、消費主義無孔不入。到處都在鼓勵消費，連政府解決經濟問題、社會問題的政策也是如此。

大多數的人都被商業、廣告、行銷訊息牽著鼻子走；他們告訴你，必須擁有這個那個、這些那些，才會幸福健康快樂！你以這個魔性時代提供的訊息為真理，盡全力活著。而且，要活得像他們所說的那樣，所以拼命工作、工作、工作，只為讓自己更有條件去消費、去購買他們叫你買的東西；卻不知他們之所以那樣說，不外乎就是為了你口袋裡那幾個錢罷了，而你辛苦工作的錢到最後還是回到資本家的口袋裡。

自己真正的需求是什麼呢？你可曾停下腳步，好好地看著自己，瞭解自己，想要過怎樣的生活？

(二) 享樂至上

魔性之人堅信人生唯一和最高的目標就是感官享樂，所以他有數不盡的享樂計畫，卻也有無止盡的恐懼焦慮，至死方休。(16.11)

他被許多想法誤導，掉進一張幻象之網，極度依戀物欲和感官享受，跌入不潔的地獄中。(16.16)

工業革命以來鼓勵人們勞動：終日辛勤、埋首於工作被說成是美德。實際上這只是資本家的藉口，要利用人力製造許多無實際價值的商品。「人」本身被矮化成為工業製程的一部分。過度地工作不只傷及身心，帶來「過勞死」、「無法化解的壓力」、「扭曲的感官享樂」。更糟糕的是，過度的工作把人降級為「驢般的動物」——人的身體加上驢般的意識狀態——只知工作享樂，其他一概不管。

個人的富貴、社會的繁榮、國家的興盛，應該要靠「大自然的恩賜」，而不是國際企業集團。大企業通常是「無神論」的副產物，其唯利是圖的想法會毀掉人和生命的尊貴價值。我們越去擴大產業規模，榨乾人們寶貴的精力，我們就在創造一個讓人們更不滿足、更焦慮、更不安恐懼的社會環境！在這種環境下，唯一的「好處」可能是：極少數的人因此種掠奪行為而奢華享受；而大多數的其他人都是被利用的。

在這樣的環境下過生活的人最喜歡做的事情是：吃、睡、自我防衛、滿足感官（性享樂）。等到心靈生病了，坊間就有高價的「心靈成長」課程，來因應市場需求。然而，你要知道「心靈殺手」正是「工業化」的社經環境。基本上，機器、電腦、電玩、電影、渡假中心、屠宰場、酒吧、夜店，都是異常增生的病態。二十四小時營業的便利商店、書店，塑造出違反自然的生活選項。這些講求「方便、享受」的設施，都與大自然背道而馳。

工業化的生活基調就是享受、取悅感官。但，這不是自然的健康的生活。

Facts

「接受真理」，快樂到來！

這是一個追求享受的年代，即使名為宗教、心靈成長，其實也是以享樂為內涵。假大師、假導師吹捧著信眾和學員，學習中不能有「苦味」，一切都要甜滋滋的。用柔美華麗的語言引導你，讓你覺得自己的內在有多美好、多偉大，只要正面思考，你的人生就會非常快樂美滿，可以征服生老病死，天下萬物都是供你享用的……

但真相是：完美俱足的內在（靈性個體）仍在沉睡中，仍然受到精微體、粗鈍體的污染包裹！「心念放空、智力放空、膨脹假我」，但這只是自欺欺人而已。許多的心靈書籍、講座不敢觸及人生真相；因為一旦拆穿、揭露種種「醜陋」、「污濁」、「痛苦」、「無聊」、「無力感」，人會成為悲觀主義者。

是的，看透這個人生、這個物質世界的真相後，有很多人會成為悲觀主義者。這些人有敏感的眼和心，他們默默地觀察、誠實地面對；但最後，他們活得很痛苦。原因是：看透了世間萬物之後，萬念俱灰，可是又還沒死去。如何在「悲」字當頭的世間，還能有意義地、甚至是快樂地活著？

尼采是個例子。尼采的一生讓後人同情不已。但是不應步尼采的後塵——絕然地切斷自己與上帝的關係。即使你想如此做，但「你是靈性個體」和「上帝的存在」都是「既定的真理」，絕不可能因你單方面決定要斷，就能成真！

有些人則選擇不要去看人生（物質世界）的真相，他們選擇只接觸「正面的能量」。可是，一旦無可避免的、負面的、會起爭端的事情發生時，怎麼辦？若說保持正面思想，就會吸引正面的能量，那為什麼壞事越來越多？為什麼人生總是苦多於樂？

物質世界就是要讓你受苦的地方，你不能一直假裝自己很快樂。

若你已成年，若你是知識份子，那麼你更不應該進入一個個虛幻的卡通王國，或認為不要長大、不要進入大人的世界，只要像個天真的小孩般活著就好！人生的真相、宇宙的真理一定要去追求，你的「靈性真我」要醒來！

若是全面地接受《薄伽梵歌》的「五大真理」，你絕對不會成為悲觀主義者，你會帶著全然的了悟和積極正向的力量，去做該做的事！如此一來，比感官享樂更美好的、真正的快樂會自動降臨！

（三）科學教的興起

「我是主人。這一切都是我的，要供我享受的，我完美、強壯又快樂。」（16.14）

醫學及科學的發展，加上媒體廣告的推波助瀾，大多數的人都相信，自己可以坐著等到「總有一天」，科學家會找到一種方法，然後大家就永遠不會生病也不會死……，或者「總有一天」，什麼什麼學家會征服大自然，然後大自然的風力、水力，或其他力量都會聽憑人類擺佈；或者「總有一天」，我們地球會成為人間淨土，大家都可以過著無憂無慮的生活……。

英文中的 scientism，即「科學至上主義」一詞，出現在十九世紀七〇年代；用以指稱一種在證據不足的情況下強行運用科學，或者以科學名義推行某種觀念。所以「科學主義」本身是違反科學精神的。在現代社會中，它是一種類似宗教的東西，有著與宗教類似的功能。

十八世紀「啟蒙時代」，有些歐洲思想家認為可以用「理性的」、「數學的」方式來表現大自然；他們還進一步要推翻傳統的宗教和道德，並以科學、實驗、理性做為人類社會的指南。他們認為科學和理性將掌控人類和大自然，並將之「工業化」。他們說到時候就不會有旱災、水災、貧窮、犯罪，也不會有疾病，最後連死亡也不會有。人類將在地球上建造神的天堂；或者該說是……「沒有神」的天堂？

現代人已在不知不覺中培養出這樣的信仰，也加入這樣的宗教。「科學」怎會是「宗教」？兩者不是正好對立嗎？然而，的的確確，現代科學已然成為大眾奉行的宗教。

而且，這個「科學教」是二十世紀的世界強國——美利堅合眾國的「國教」，是美國的無數國際企業的推動引擎。

科學家則是「科學教」的牧師，他們發明許多讓眼睛、耳朵、鼻子、舌頭、皮膚「感覺美好」的產品，或者讓人「心情大好」的產品（取悅感官心念）。而為了促銷這些特意的、人為的幸福快樂，便要發動不必要的商業競爭，結果卻使全世界捲入衝突的漩渦。最終的結果竟是：全球物資嚴重短缺，甚至嚴重到日常生活的必需品都需控管。註14

受美國文化影響的我們，也不知不覺地接受這個宗教。雖然，沒有正式教派、教主，沒有祭壇、儀式，不需苦行，不唱讚美詩，也無需捐獻，但是，幾乎人人都在傳揚科學教。許多化身為電視節目的商品廣告，都要有科學數據的背書，傳播媒體有意無意地也把某科學家所下的「推論」當做事實來報導。所以，商人喜歡用「穿白袍的專業人士」來代言，似乎科學家、研究人員、醫生，有著如「神」一般的權威。

仔細看看人類社會，就算每年都有新的科技產品，但是自工業革命以來，有哪一種產品是沒有「後遺症」？是不會帶來一堆問題的？

魔性之人屈服於假我、力量、驕傲、物欲和憤怒，他們嫉妒憎恨處於自己和別人心中的神，他們因嫉妒而褻瀆真正的宗教。（16.18）

（四）醫學的窘境

自然法則在無垠的時空、浩瀚的宇宙中一直在循環運作，眾生都受其制約，一生又一生地過著。但是，許多人竟然認為自己很聰明、很有辦法、很有力量，可以反過來操縱物質能量，可以操縱宇宙和大自然。

一個個聰明絕頂的科學家、醫學專家，竟總要挑戰「生老病死」這項真理，為什麼？因為他嫉妒神的力量，想和祂平起平坐，甚至想要取而代之：自己來創造生命吧！或者躲避死亡！

聰明人的貪心和嫉妒會引他入「無知」的地獄。物質知識上所謂的博學、機關算盡，但貪心和不自量力會讓「瑪亞」偷走這些人的智力（mayaya apahrita jnana）（7.15），而成為「虛幻假象」之奴。離真理越遠，就越無知；自以為有挑戰的氣魄，卻是在浪費光陰！

即使有那麼多研究人員努力要抗癌，癌症反而越來越多。據估計，AIDS在二十一世紀中葉之前將奪走四億條人命。過去的流行病毒也蠢蠢欲動，準備伺機而入……柯許的傷寒病毒有了新的抗藥版，將在北美引發一場肺炎流行。猩紅熱的細菌將變身為暴發集體敗血病的元凶。從美國小兒科醫師的匯報中顯示，兒童的慢性支氣管炎和氣喘有穩定增加的情形，這顯然是因為空氣污染持續惡化造成的。

另外，一系列與免疫系統相關的疾病都證實與「化學藥品」有關，因此，醫學院多了一門領域叫做「門診生態學」（clinical ecology）。有些研究顯示，在工業化國家中有百分之四十的疾病是 iatrogenetic，意思是……「醫生造成的」。

內臟移植的專家計畫成立「基因改造動物」的養殖場，以利人們隨時購買所需的移植內臟。生化醫學專家則計畫用太空塑料和晶片製造人體。註15

新聞報導說，日本實驗成功，突破複製生命需有新鮮細胞的限制，將冰凍十六年的死鼠「複製重生」。註16

……

其實，科學家能做的便是以既有的生命（基因）為基礎去複製，如此而已！他們說在不久的將來「人類就可以長生不死」。你相信嗎？

「生命來自生命」、「靈性個體來自於靈性源頭」是真理，人的智力若只用來「複製假生命」，恐怕他自己寶貴的生命就要在虛假幻象中耗盡了！

「眼前的敵人已被我殺死，以後的敵人我也不會放過。我是主人。我是享受者。我完美、強壯又快樂。」（16.14）

（五）強人的幻想

強人自認為可以改變世界、改寫人類命運、可以征服大自然，他們用各種行動企圖控制物質能量。

艾因．蘭德（Ayn Rand, 1905-1982）是國際暢銷小說《阿特拉斯擺脫重負》的作者，她說：「我的哲學，在本質上，是將人類當成英雄一般，以他自己的幸福作為他生命中的道德目的，以他高尚的行為達成建設性的目標，以理性作為他唯一的絕對原則。」

蘭德的小說要展示她理想中的英雄：一個因卓越能力而特立獨行的人，雖不見容於社會，卻依然努力不懈朝著理想邁進。蘭德相信「人」是強者，能征服大自然，能撼動世界。強者的祕密象徵是吸食「飾有金幣浮雕的香煙」，蘭德說香煙象徵人類控制火的能力，因此也象徵人類控制大自然。註17

諷刺的是，這香煙卻令強者「上癮」。上癮意謂著必得依賴香煙，既然如此，強者若無香煙便哈死了，這算什麼強者？連自己的身體感官都控制不了，僅僅一根香煙便叫他坐立不安，這算哪門子控制火之元素？

事實上，這代表人類竟因科學「進步」而搞不清楚自身的真實狀況！「人定勝天」只是一時的，要挑戰天，要挑戰大自然，人類終究要付出極大的代價，更為他人帶來進退不得的窘境。說吸煙是人類能控制火，但實則是帶來難治的肺部疾病，不也正說明的人的無知、無聊、無奈嗎？

人身為萬物之靈，是自然界中的強者；但人與人之間也有「強欺弱」。自己夠強，就直接把敵人、擋我財路的人幹掉；實力不夠時，就先聯合次要敵人，一起消滅主要敵人……直到自己成為唯一的強人、主人、享受者。就這樣「成者為王，敗者為寇」，人類的歷史和文明就是這樣來的。而一統天下後，人間已經沒有對手了（所以古時帝王叫寡人？），只好不自量力地挑戰「天」！

事實上，所有的人在物質能量之下都是弱者。即使是萬民之上的強者，但是一點牙痛，他就要唉唉叫，大限一到，他就會死。在物質能量——瑪亞女神面前，我們都是弱者。

瑪亞女神掌管的物質能量是一片浩瀚的幻象。為何名之為「幻象」，因為人人誤以為自己可以做物質能量的主人，但實際上是：身陷於瑪亞的爪牙之中，受其各種法則所捆綁，根本不得自由自在。人人都想駕馭物質能量中的各項資源，而實際上卻會更深地陷入如蜘蛛網密布的地雷區。事實上，人必得依賴大自然維生。但因錯誤的「主人心態」而掠奪大自然，以致於大自然反撲。人類反而苦不堪言，慘不忍睹！

現代的氛圍仍是個人主義盛行的，我們不太去看自己真實的弱點，人人都想當強者。相較於「大自然的物質能量」，相較於「神」，人不是絕對的弱勢嗎？但在卡利年代的虛假力量影響下，什麼都顛倒了。卡利年代的「勇者」是挑釁風車的愚人（如唐吉訶德），而大多數的人則是毫無自覺地、隨便地鼓掌叫好。

人生的真相究竟是什麼？第一，必死無疑；第二，生命過程中，瑪亞女神有多種武器（痛苦）要對付你；第三，你老是忘記自己會死；第四，奇怪的是，明明在受苦，卻總以為還挺樂的！還可以如何如何……

Facts

瑪亞女神的三叉戟（Trishul）

被欲望及控制者心態迷惑的我們，拋棄永恆的喜樂，為追求獨立自主的感官享樂而來到物質世界，歸瑪亞女神管轄。

印度圖畫中的瑪亞女神騎著猛虎，虎爪之下壓著面露痛苦的人。那人是誰？那人代表著你、我。雖然我們已被那尖銳的虎爪拿下，卻仍自以為是強者，要挑戰大自然。由於迷惑，所以連瑪亞女神拿著三叉戟戳我們，讓我們飽受三重苦，我們竟不以為苦，反倒挺樂的，你說奇怪不奇怪？

三重苦是：

（一）自己的身心所造成的痛苦。

（二）其他的生物所造成的痛苦。

（三）天災所造成的痛苦。

瑪亞女神並非惡意虐待，或出於無聊。她其實是用苦難在提醒你：「喂，你，醒醒吧。我也不想見到你受苦，但物質世界就是一座超級監獄，你要嘛就表現好一點，就可嚐嚐甜頭；要不，你該想辦法出獄啊！」

「假裝快樂」不是辦法。你應該真誠的反省：「為什麼我要受苦？」

「獨力面對痛苦」也不是辦法。若只想要靠「超人」的意志去面對與解決，到最後還是會被「疾病、老化、死亡」擊倒……

你若真心想與靈性能量連接，瑪亞女神反而會幫你，其他的神眾也會出手相助。

第十二章　這樣做就對了

印度聖哲維杜拉（Vidura）說：「也許命運的力量很強大，但是人還有自由意志。宇宙主人的力量也會回應我們的願望。我們避免不了的是行動後的結果，而不是行動本身。」註18

換言之，你可以選擇從事何種行動！而「正確行動」能帶給你健康和富裕！

★人該做的事

「正確行動（賦定職責）來自於韋達經典。韋達經典來自於梵。因此，這無所不在的梵永恆地處於祭祀之中。不依據這個循環法則行動，人將過著罪惡的生活，只想感官享樂，卻是虛度一生。」（3.15-16）

正確行動是追求「健康、財富、幸福、快樂」的根本道路！

無論經濟景氣如何，人們都認為工作很重要。景氣好時，工作機會多，人們拼命工作；但景氣差時，工作機會少，人們仍是拼命找工作！

善報的表徵

身體／環境	精微體	性格	人生機會
美麗的容貌和身材	智力高	天生慷慨	受良好教育
富貴人家、書香世家	幸福快樂	說話令人愉悅	貴人相助
出生在富強國家	不執著	良好的行為、勇氣、力量	好名聲

景氣循環的力量不是全世界任何一個政府或強人所能預測、支配，也不是任何一種振興方案所能輕易改變的！

在天地之間，在各種物質能量的碰撞之間，你安身立命的基準點便在於「正確行動」。景氣好時勿驕，凡事需依正確行動而行；景氣差時勿悲，凡事仍依正確行動而行。

在時間的催化下，正確行動必然帶來善報。你只要堅持從事正確行動，也幫助更多的人從事正確行動，個人與社會就會越來越好！若只憑自己的「聰明才智」、「自以為是的努力」，卻忽略了正確行動，就會嚐到惡果。

上表的善報（punya）[註19]，有誰不想要？但為什麼有些人天生就有，或者得來全不費功夫？這樣的幸運兒，難道都只是因為他們不斷「思想」著富裕嗎？不是！光思想、感覺是不夠的，要正確行動！

古今中外富貴之人普遍共有的習性（習慣）和行動是什麼？如果，他們生生世世都不自覺地反覆做這樣的正確行動，那麼，其善報加上時間相乘的結果，可謂「貴氣逼人」。

因此，造成「M型社會」的許多原因之一，從根本上來講，窮、富這兩類人所選擇的「思想、感覺、願望、行動」是不同的，而其行動（業）更會不斷加深其報應。好上加好，但……糟的更糟！所以，改變想法還不夠，還必須配合正確行動。

★正確行動的內容

(一)履行賦定職責

若已在物質世界出生，就會受三重屬性制約，就會有「賦定職責」需要履行。廣義地說，對父母、家人、社會、國家、全人類、其他生命體、啟發人心的哲學家、詩人、造福人類的科學家，甚至是「神眾」，我們都有責任去服務他們。

狹義地說，賦定職責來自於「人生四階段」、「社會四階層」，也就是依照你的年紀和職業，你就有「該做的事」。

譬如說「居士」就有責任讓身旁的人吃飽，尤其是小孩、老人、婆羅門、病人。不顧家中小孩和老人是否吃飽是不可原諒的罪！在過去，盡責的居士甚至會在用餐前，邀請門外饑餓的陌生人一起吃飯。

瑜伽十戒

持戒 Yama	不傷害	不說謊	不偷盜	不邪淫	不貪求
精進 Niyama	潔淨	知足	苦行	讀經	順服至尊主

（二）瑜伽十戒

古印度聖人帕坦佳里在《瑜伽經》中提到「八部功法」——持戒、精進、體位法、呼吸法、收攝感官、專注、冥想、入定（三摩地）。其中的「持戒和精進」各有五個要項，筆者名之為瑜伽十戒。遵守這十戒讓你具備自我控制的能力，也帶來真正的健康和富裕。

持戒（Yama）是戒「不該做的事」，不從事錯誤行動。精進（Niyama）是「該做的事」，要從事正確行動。

1.不傷害（Ahimsa）即「非暴力」、「尊重生命」。無論何時何地，都不應該在思想、言語、行動上去造成任何一個生命體的痛苦。這是最為重要的一項行動原則，若能遵守，其餘的項目也會容易多了。

2.不說謊（Satya）即「真實」，你所想的、所說的、所做的應該要一致，而且應符合事實。

3.不偷盜（Asteya）即「安分守己」，要管理自己的欲望，不應以偷盜的方式滿足物欲。

4.不邪淫（Brahmacharya）即「貞節」，單身時守貞，婚後忠於對方；男女都應如此。這樣，便能管理自己的感官和行為舉止。

5.不貪求（Aparigraha）即「沒有佔有欲、不役於物」，不應吃喝太多、累積過多的錢財、貪圖世俗的成就、貪戀情人或家人的感情。

6.潔淨是去除污染、毒素。不只身體需要洗澡，精微體（思想）也需要淨化。物質軀體是「靈性個體」暫居的地方，保持身心潔淨是喚醒靈性的基本條件。

7.知足就是「滿足於自動到來的一切」，不需外求或攀緣。

8.苦行是「約束感官心念」。

9.讀經是閱讀「傳承真理知識的經典」。

10.臣服至尊主。「唯一的神」的存在是真理！面對祂，我們都要學習「臣服」，安心地把自己交給祂！

帕坦佳里也在《瑜伽經》中，清楚說明了遵守十戒的益處：

不傷害，他人就不會對你有敵意（得眾生喜愛）！

不說謊，就有實在的行動和成果！

不偷盜，富裕自動前來！

不邪淫，你就會有力量（自信）、有勇氣！

不貪求，你就能覺悟生死！

聖帕布帕德曾說：以為數十年的人生是所有的一切，對人生也沒有崇高目標的人，這樣的人會貪求財富和權力！

若潔淨，就不會執著自己或別人的軀體，可淨化生存、喜樂、專注、戰勝感官、看清自我，也就有了練習瑜伽的資格。

若知足，便獲得最大的快樂。

若苦行，則有完美的身體和感官。

若讀經，便可強化智力，提昇意識。

若臣服至尊主，則可達成八部瑜伽的終極目的——三摩地（覺悟神）。

（三）四大宗教支柱

「仁慈、苦行、潔淨、真實」是四大宗教支柱，也是公認的正確行動原則。

1. 仁慈就是不傷害、非暴力。

將之落實在生活飲食上，就是要避免造殺業——吃肉。傷害其他生命體不僅讓自己喪失仁慈，這樣的行動也宣告自己未來的果報——被傷害、被殺、被吃。如果必須親自宰殺才能吃到肉，相信肉食者會大大減少。

2. 苦行就是控制感官心念，所以不食用煙酒、毒品、含咖啡因產品等。

這些東西過分刺激感官，讓人異常興奮；或是有麻醉的作用，讓人產生幻覺。這類食品使人的意識狀態模糊，讓人在不知不覺中從事錯誤行動。甚至上癮而沒錢購買時，就會為了籌錢而犯下種種罪行，越陷越深！

3. 潔淨近於神性，所以不從事非法性行為。

所謂非法性行為是：「婚姻關係以外的」性行為。

性行為是這個物質世界所能提供的最大享樂，卻也會增強假我意識，而帶來錯誤的認知和行動。所以，性行為應該限於「合法夫妻」之間，而且要有所節制。最好是為了培養優質的小孩才生育，否則，人們不但會失去潔淨、純粹的力量，也會帶來「要不得的後代」，和地獄般的生活。（1.40-43）

4. 真實就是不說謊、不詐騙、不賭博。

沉迷於賭博、彩券造成投機心態；說謊欺騙，會遠離真實，傾向虛假。賭博之類的活動不是真正的致富之道，只會激發你的物質欲望、貪婪、嫉妒、仇恨，純粹是浪費時間。

Facts

設賭場＝拼經濟？

關於在離島上開設賭場，民眾、鄉紳、官員、民代，大家都有話講！

人總是挖空心思找錢，找活路。然而，即使只為謀生，仍應回歸到「正確行動」之上。

與賭博相關的行動，違反真實，會助長虛假與投機取巧。也許能賺進大把大把的鈔票，但同時虛偽、幻覺、欺騙也會更大更多。除非，你選擇活在虛假的對待之中，否則絕對不要違反「真實之道」。

就算能贏得全世界，但失去了真實的自己，值得嗎？會幸福嗎？

★生活中的實踐

正確的行動好像「做人的道理」，從小到大，我們都聽很多了。

對，這就是問題所在！我們都知道，但是都做不到！或者說，根本不會認真把它當成一回事去做。

然而，我們很肯定要追求健康、美麗、成功、幸福、快樂，還有長壽，甚至最好不會死亡。我們用腦筋安排這個那個，無非就是想得到這些。

可是，經典告訴我們，讓你得到這些的方法，並不是你自己用腦筋想出來，也不是用「你的才能」去計畫、去行動所帶來的。不，不是你表面上看到的那樣簡單！

換言之，身心健康之本在於「不傷害」！若你能覺悟「傷害他人生命」與「自己重病」之間的關聯性，體會「己所不欲，勿施於人」的道理，就能很自然地遵守純淨飲食的戒律（素食），而不會有壓抑的痛苦！

容易被騙的人是否能警覺到「自己的」誠實度？誠實不是偉大到遙不可及的事，誠實就是：

賣菜阿桑說她的紅蘿蔔一斤要賣二十五元，你挑了兩大袋，一稱是八斤多一些；阿桑算了又算，抬起戴著斗笠的黝黑臉龐說：「一百一……，算你一百就好……」在這種時候，你都能平靜地對她說：「阿桑，算術不及格喔！兩百才對啦！」

無論金額大小，即使小販多找你五元，即使列車長沒查你的票，即使同事告訴你可以如此這般地報假帳，你都可以平靜地、默默地實踐誠實之道。越實踐，你也會發現上天給你的考驗多了起來，誘惑可能更大；沒關係，繼續實踐。越趨向真實，就會離虛假越遠，就越有能力看清真相，不受迷惑，甚至能遇到真誠相助的貴人。

錢財是一般人喜愛的。而經典說「不偷盜」是富裕生活的根本……所以，我們必須加以實踐並反省，應用於日常生活，才能有所體會，並得到真正的富裕生活。

不實踐的原因

然而，如果道理真是如此簡單，為什麼大部分的人都不這樣做？而且，有一種人還特別喜歡犯法，他們自以為聰明，即使已經證明他錯了，他也能耍賴不承認。所以，雖然經典已經明文禁止某些行動，但是這類人仍要用各種說法去辯解自己那樣做也是守戒，甚至也符合經典的訓示！但其實這是「罪犯心理」，他已把犯戒視為理所當然，而且一再去做「不該做的事」。

「為何人要行惡?雖說自己也不願意，卻會像被迫似地去行惡?」(3.36)

這是阿爾諸納問奎師那的一個問題。

奎師那的回答是：因為「欲望」(物質欲望)。(3.37)

深受激性、墮性影響，卻渾然不知；不接受五項真理，完全放縱感官心念，喪失理智、為所欲為，這樣的人會成魔!

第十三章　歷經一種淨化的過程

人由自己的信仰建構而成。信仰崇拜什麼，他就會變成什麼。(17.3)
生命的象徵是「意識」和「信仰」。(13.7)

信仰就是「你相信什麼！」或者說「你最崇拜的是誰？」「你想成為什麼樣的人？」你相信什麼，就會形成你的觀點，也促成你的行動，你一生最後的成果便是「你所相信的人事物」，也就是「你的信仰」。

如果你不相信「人由自己的信仰建構而成」，這，也是你的信仰！什麼都不信的人，其結果可能就是：什麼都不是！

你應該想想：你相信的是什麼？而你所相信的是在幫助你，賜予你力量，或總是在傷害你，削弱你的勇氣和行動力？

改變與提昇「信仰」的關鍵在於「行動」。這點和提升「意識」相同。

★信仰導致行動

奎師那說：「……心念的轉化物有：欲望、厭憎、快樂、痛苦、物質軀體、意識、信仰。這是簡要的說明。」（13.7）

人的信仰有三類屬性：「困於軀體中的靈體，按照所受物質能量的影響，而有不同的信仰類型：善性、激性、墮性。……受不同的屬性主導就會發展各自的信仰……」（17.2-3）

信仰是靈性的微光，透過精微體中的心念而顯露於外。

善性的信仰是《薄伽梵歌》所推薦的正確行動！

信仰的具體內容與行動是：崇拜的對象、喜愛的食物、祭祀、佈施、苦行（17.4,7）。換言之，從事這五項行動時，便已決定你的信仰是什麼了；而你因信仰而從事了以上五項行動，最終也會讓你達到那種意識狀態。

不同的人就會有不同的信仰，這樣的信仰更會深入你的意識狀態，讓你運用感官去「思考、感覺、願望」，採取某種行動，活出那信仰，成為該信仰的產物。

你一定有信仰，因為信仰是你內在不可或缺的一部分。即使不知道自己信仰為何，但你仍會不由自主地在做著種種「祭祀、佈施、苦行」的活動。再講得白話一點，「祭祀」即「奉獻」，

「苦行」即「犧牲」,「佈施」即「給予」。

請回想一下,自己的生活之中,是否會為「某個對象」而付出時間精力?甚至會不惜犧牲自己、委曲求全?會為他獻出自己的所有?如果有,那他就是你的「崇拜對象」!你會深受他的影響!

崇拜的對象

奎師那說:「崇拜神眾者到神眾那兒,崇拜祖先者到祖先那兒,崇拜鬼魂者到鬼魂那兒,崇拜我的人來到我這裡。」(9.25)

還記得自己的成長史嗎?

一般人牙牙學語,或剛學步時,會崇拜父母親。上學後,崇拜老師。見多識廣後,崇拜偉人英雄。必須謀生時,崇拜工作和企業家。稍微看破人生後,崇拜宗教大師。

現代媒體吹捧偶像,演唱會現場人山人海。雖然偶像背後是龐大的商業利益,但粉絲們相信自己崇拜的明星是完美的。

人,需要崇拜的對象,這是不爭的事實。

即使不崇拜神,人也總會以某個生命體為對象,為了他、她、牠、它,即使必須犧牲自己，也在所不惜。

你可能不知道的是：當你不自覺地這樣做時，你和他、她、牠、它之間便有了連結，你的屬性、行動、生命都在那崇拜對象的影響之下了。你就會越來越像他、她、牠、它！也可能會永遠和他們在一起！

你真想如此嗎？或者應該充實靈性知識，慎選「崇拜對象」，和祭祀、佈施、苦行等行動呢？

祭祀、佈施、苦行

「不應該放棄祭祀、佈施、苦行，這些行動甚至能淨化偉大的靈魂，所以應該要做。」（18.5）

祭祀（yajna）是將自己的金錢或供品（鮮花、食物等）奉獻給崇拜的對象，結果是得到崇拜對象的祝願和保護，將來會像他一樣，或到他的居所。

佈施（dana）是將自己的時間、金錢、精力、知識或食物，奉獻給崇拜對象或一般大眾，或不加選擇對象地給出去。

苦行（tapasya）是為了自己或崇拜的對象，針對自己的身體、語言、心念所做的自我控制和管理。

奎師那所推薦的這三件事，除了會帶來善報，更可使靈性進步、意識提昇。所以，不論你是要享樂或解脫，既然人必得做事，那麼這三件事是務必要做的！

即使是出家人也一樣！因為「不執著」的並非是外在行動，而是在於個人的內在欲望和動機。

★墮性的信仰

墮性的祭祀與食物

人類自古以來就有祭祀、崇拜的活動儀式。

有些人說「不要近鬼神」。

問題之一是：鬼是亡魂，但「神」是指神眾，亦或上帝、至尊主？崇拜不同的對象當然會有不同的結果。但，不應該接近「真善美」的神嗎？

問題之二是，口中說不近鬼神，實際上也會吃下別人拜過的祭品（這便是接受那個崇拜對象了）；或者，看到別人拜，心中也想跟著拜，因為這是人類的習俗、傳統。但是，不弄清楚自己崇拜的對象，這是不明智的！

另一個問題是不按照韋達經典或其他適當經典，常常變成墮性的祭祀，可說是亂拜一通。

信仰不堅定就沒有明確的結果。

墮性的信仰會崇拜「亡靈、鬼魂」。(17.4)

如此信仰之人也傾向於選擇墮性的食物：「不新鮮、沒味道，惡臭難聞，腐敗變質，剩飯殘羹，污穢不淨。」(17.10)

他在祭祀前不會先問清楚，也不想好好學習。就算告訴他應該按照經典指示執行，他總是會想法子搪塞或說謊。雖然有拜拜，可是一問他這樣拜是不是有效？是不是會安心？他的回答總是閃爍其詞，充分顯示他對祭祀活動並沒有相當的認識，也沒有信心。

舉行祭祀時，沒有唱誦韋達經典的詩歌；祭祀完畢後，沒有給祭司謝禮，也沒有派發供品，與眾人分享。這樣的祭祀、拜拜，純然是墮性之下的產物。(17.13)

墮性的佈施和苦行

佈施是台灣社會很常見的善行。然而，一般人多存著「可憐對方」的心態而去做。向值得敬重的人佈施，勝過因「憐憫心」而去佈施！

我們應該學習如何正確地佈施，因為佈施不只會帶來善報，也會強化我們的信仰，塑造我們的意識狀態。所以，要避免激性、墮性的佈施。

墮性佈施是：(1)佈施給不值得的人。(2)時間和地點不恰當。(3)態度不

好。（17.22）

墮性的苦行是出於自己的愚蠢，或想折磨自己，或想傷害、毀滅他人而做的苦行。（17.19）

有些人自創經典以外的苦行，如政治因素等的絕食抗爭，既傷害自己的身體，也是不好的示範。（17.5）

★激性的信仰

信仰屬於激性之人，他會崇拜「魔眾、夜叉、羅剎」（17.4），或希望自己可以成為那樣有力量的人物。

激性的祭祀與食物

激性之人喜歡的食物是「太苦、太酸、太鹹、太辣、太燙、太乾、太刺激。這些食物使人吃時痛苦，吃完難過，導致疾病。」（17.9）

如果在舉行祭祀時，心裡總是盤算著：這麼多、這麼貴的供品，可以為我帶來多大的好處；或渴望著功德、善報快來；或是為了自己的虛榮心，要表示自己很虔誠而舉行祭祀。這些祭祀便受到激性影響（17.12）。這樣的影響會讓人的一切努力，以「不幸、痛苦」告終，也會讓「你」受激性操弄而成為那種類型的人。

激性的佈施和苦行

激性的佈施是：（1）期待對方的回報。（2）渴求將來的好結果。（3）給時勉強，或給完後悔。（17.21）

激性的苦行是為了展示自己的力量或決心而做苦行，或想得到別人的驚嘆、讚美、尊敬和崇拜。但這種苦行的成果不可靠、不長久。（17.18）

經典推薦的禁食、斷食，其目的主要是為了提昇人們的靈性層次。當然，它會間接地讓身體變得健康，但絕不是為了要減肥、瘦身，或是達到政治、社會、經濟的目的。

★善性的信仰

善性的祭祀與食物

奎師那說：「高尚的人吃祭拜過的食物，他們免於罪惡。邪惡的人只為自己的享受而煮食，他們將會因罪惡而受苦。」（3.13）

大自然所提供的食物是許多生命體合作而來的，不只是「花錢去買」這麼簡單！因感恩天地而祭拜，這就好像台灣人說的「吃果子拜樹頭」，是一種感恩回饋的務實行動，也是經典推薦人人應該要做的！否則，雖是花錢買來的，但是沒有感恩天地的實際行動，「只享

受神眾的賜予，卻不供奉給他們，就是小偷。」（3.12）

經典說「不偷盜，一切富裕自動前來」。用餐前供奉食物，你就不是小偷了，就能迎接富裕的到來！

即使沒有靈性知識，人們仍不自覺地按照自己的慣性，遵循自己內心自有的信仰，做著祭祀、佈施、苦行的事。既然在做，就應當做好，要將自己的信仰提昇到善性中！

善性的信仰是將自己的時間或精力、金錢或供品奉獻給神眾（或超越物質能量的、至高的神）（17.4），其成果是上天堂，或者有天堂般的享受，或是回靈性世界。

善性的食物是「美味可口、溫和滋潤、既豐富又營養、有益身心、天然純淨。這些食物能延長壽命、強化意志、增強體力，使人健康、幸福、快樂。」（17.8）

善性信仰之人，當他舉行祭祀時，會尋求相關權威的指導，並按照經典指示執行。他出於盡義務的心態而做祭祀，不為個人利益打算，也不求功德善報。（17.11）

Facts

瑜伽斷食

就像為了維持汽車的最佳效能，我們會安排車輛定期進廠保養；身體的消化系統也應藉著適時的斷食得到充分的休息，不但讓我們有機會清除身體毒素，也有更多的時間從事靈性活動。

至少應每月二次，每次一天（實際上是三十六小時：斷食前一天的晚餐後，到斷食隔天的早餐前），可選擇休假日進行。瑜伽行者會在陰曆的十一及二十六日（月圓及月缺後第十一天），進行這樣的斷食（Ekadasi 禁食、斷食）。

應該以循序漸進的方式或斟酌個人健康情形，來選擇斷食的層級，以下依簡單到困難列出五種飲食內容：

A、不吃魚、肉、蛋。

B、不吃五穀、豆類，以及其相關製品。

C、只吃水果。

D、只喝水。

E、完全不吃不喝。

基本原則是：斷食前逐漸減量，斷食後慢慢恢復一般飲食。復食當日早上只喝水，或吃水果、流質，中午以後才逐漸恢復正常。

善性的佈施和苦行

善性的佈施是：（1）不期待回報。（2）時間和地點都很恰當。（3）佈施給適當的人。（17.20）

善性的苦行是：心懷至高的信仰，修練身語意三種苦行，不求功德善報（17.17）。

苦行有三大類別，詳細內容如下：

1.身體的苦行：崇拜唯一真神或神眾，禮敬知識階層、靈性導師等長輩和智者，潔淨、簡樸、不邪淫和非暴力。（17.14）
2.言語的苦行：不擾人心、真實、愉悅、有益、誦讀韋達經典。（17.15）
3.心念的苦行：平靜知足、溫和親切、莊重靜默、控制心念、淨化心靈。（17.16）

Facts

苦行不苦！

心靈成長的方法之一是「苦行」。唯有從事苦行，你的「存在」才能去除污染，得到淨化！一開始也許不習慣而覺得束縛、痛苦，最後就像倒吃甘蔗般能嚐到身心潔淨的甜美滋味。

「沒有經過淨化」的人，他的意識狀態永遠認同自己的物質軀體，完全受物質能量的制約。即使得意一生，但總有一天，人生的起落讓他欲哭無淚，「生老病死」的幻象讓他掏心挖肺的哭喊。「淨化你的存在」，就是提昇你的意識狀態，讓你的「眼界高一層」。讓你在面對同樣的人生悲劇時，能自自然然地放下，並超越物質概念，真正清楚地看到一切「生老病死」都只是物質能量在作用，是瑪亞陷你於生老病死的漩渦。但是，「你」始終是「你」，靈性個體永恆不滅，更沒有什麼「心靈受傷害」的事會發生！

更重要的是：「苦行」不一定是「吃苦」、「流汗」、「絕食」！事實上，根據經典記載，從五百年前開始有個為期一萬年的「黃金年代」。在此期間，有簡易有效的苦行作法，可以讓你得到最大的好處，而且實踐時充滿甜美的快樂。（參見第273頁，看看這是什麼苦行！）

★善性的典範：婆羅門的生活方式

婆羅門是靈性知識階層，他們不只研讀經典，也堅持過善性的潔淨生活。在善性影響下，他們最容易理解神的訊息，也最接近祂。

在印度本土有很多人反對讓「外國人」成為婆羅門。他們的理由是，家世和出身便決定了一個人是否為婆羅門。換言之，婆羅門是父傳子的世襲制度。

然而，奎師那早已明確指出：是「屬性」和「行動」決定你的社會階層！（4.13）種姓制度已不合時宜，世襲制度導致腐敗，並衍生出社會問題，這也是佛陀在兩千五百年前想要革新的重點之一。

聖帕布帕德發揚了《薄伽梵歌》的真正精神，他認為任何人，不論其性別、種族、國籍，只要他研讀並實踐韋達經典的教誨，過著善性的生活，也教導別人如此生活，這樣的人就有婆羅門的資格。若能接受一位正統的靈性導師啟迪，並循序漸進地修練，便可正式獲得婆羅門的位階。

第四篇

身心靈的全人觀

你可以選擇善性的食物，從事善性的種種活動，過著意識狀態較高的物質生活；但是，善性之人會被知識和快樂捆綁，而且在時間、物質能量的循環漩渦中，很難永遠保持善性……

人類應該要追求進步的，個人也應該要一直進化的，但在「創造、維繫、毀滅」的物質循環中，在必死的陰影下，物質上的進步無法延續，這樣的人生註定痛苦。

所幸，真正的你是「靈性個體」！真正的進化是靈性上、意識上的提昇。在「靈性個體」上所做的一切努力，可以延續下去，這才能真正超越時間，持續地進步與進化。

為什麼靈性個體會進入物質軀體？因為：靈體有物質性的願望；而物質能量形成「精微體」和「身體」，提供靈體進駐使用，以實現他的願望。

第十四章　認識你自己

真正的「你」是「靈性個體」，是奎師那「永恆的所屬部分」。(15.7)

在你的身心靈之中，「靈性個體」高於智力，智力又高於心念和感官。(3.42)

在追求身心靈的程序上，《薄伽梵歌》建議的最佳途徑是先認識你「真正的自己」，也就是喚醒靈性，培養「真我意識」，由上往下練，而非追逐身心健康的幻象，終至迷失！

培養「真我意識」的重點是「找出源頭」！

每一個生命體（眾生）都有身、心、靈這三個層面，或稱「粗鈍體（身體）、精微體、靈體」。

1.粗鈍體：即身體，由「地、水、火、風、以太」這五大粗鈍物質元素構成。

2.精微體：即心理，由「心念、智力、假我」這三個精微物質元素構成。

3.靈性個體：即靈體、靈性真我，由「永恆、全知、極樂」構成。

粗鈍體、精微體合稱為「物質軀體」，是低等的物質能量。靈體即靈性個體，是高等的靈性能量。

★我是誰？

奎師那說：「若認為『物質軀體』是自己，認為與軀體相關的妻子家人是至親，認為軀體誕生的地方值得崇拜，而到聖地參拜卻只是在聖河沐浴一下，對聖賢所揭示的超然知識置若罔聞：這樣的人就是驢子或牛。」(10.84.13)

人要超越動物的第一步是：認同靈性真我！

芸芸眾生受苦受難，卻只有極少數的人會問：「我到底是誰？」「我活著要做什麼？」「如何離苦得樂？」

大多數的人都被「不真實的存在」(瑪亞幻象）欺騙，一直一直擔心、憂慮、不安、不滿足……其實，他們只需要了解真正的自己是「靈性個體」，認識到自己是「永恆、全知、極樂」的「靈性真我」，便可去除大半的情緒污染了。

自從物質主義和資本主義稱霸以來，人們都被導向以「成功、財富與地位」為快樂的指標。然而，這是錯覺；因為，在物質富裕的社會裡如美國和澳洲，雖然在全球快樂排行榜中名列前茅，但是其人民的心理疾病之嚴重也是世界第一。在經濟泡沫化的現實中，人們也逐漸體悟到「快樂來自內心」。

內心是什麼？我們不能憑空想像，隨意亂猜。

根據《薄伽梵歌》，你的內心就是「你自己」，真正的、永恆的你——靈性個體。

「物質世界的眾生——這些永恆的靈體，是我的一小部分，他們被心念等六個感官所牽絆，在物質能量中掙扎求存。」（15.7）

「……你要知道我還有不同於它們的高等能量——靈性個體（你、眾生）……」（7.5）

靈體一詞源於梵音 atma，本書稱之為「靈性個體」（靈體）或「靈性真我」。

靈體（你自己）來自於奎師那的高等靈性能量，卻因有「願望」而在物質世界輪迴生死，不停循環，更換物質軀體。

若「你」認同的是物質軀體，只想要有物質享受，那麼你很難發揮自己的潛能，也很難得到真正的滿足和快樂。因為，低等能量（物質）永遠不可能駕馭高等能量（靈性），也永遠無法滿足高等能量！

Facts

神明、鬼魂、心靈的真相

1. 神眾（神明）、鬼魂沒有身體（粗鈍體），但能以精微體和靈體，繼續取樂或受苦受難。

靈體的特質

不滅性	永恆性	來源	其他特性
砍不斷 acchedya 2.24	永恆的 sata2.16, nitya 2.20, 24	不經出生便存在的 ajam2.21	不可見的 avyakta 2.25
燒不壞 adahya 2.24	永存的 shashvata2.20	最古老的 purana 2.20	穩定的 achala, 2.24
浸不濕 akledya 2.24	始終如一 sanatana 2.24		不可估量的 aprameyasya 2.18
吹不乾 ashosya 2.24	永不改變 avikarya 2.25		不可思議的 acintya 2.25
不可毀滅的 avinashi2.17,21			處處都有 sarva-gata 2.24
永不毀滅的 anashina 2.18			

2.精微體仍是物質能量，所以神眾、鬼魂仍要承受生死。

3.靈魂＝靈＋魂＝靈體＋精微體

4.心靈＝心＋靈＝心念＋靈體

因此，「靈魂或心靈」都不是純粹的靈性真我（靈性個體）！

★靈體的特質

上表你仔細讀過一遍了嗎？請用「我」當主詞，再讀一遍。

你要知道這些特性都是「你的」；「真正的你」，擁有如此不可思議的品質，即使行走於處處是陷阱的世間，只要正確行動，你又有何好害怕的呢？

靈體可以管理物質軀體，因為靈體

遍布於整個軀體之中（意識），軀體從屬於靈體。(2.17-18)

換言之，要認識靈體、培養「真我意識」，而非順其自然地縱容「假我意識」；這樣，智力才能強化，心念和感官才能做正確有益的「思想、感覺、願望和行動」！

靈體永恆、不變、不滅

奎師那說：「『靈體』是砍不斷、燒不壞、浸不溼、吹不乾的。『他』永遠存在，即使在各種軀體中旅行，仍然很穩定。」(2.24)

記得我五歲的時候，緊抱住母親，抵死不上幼稚園的娃娃車；我也記得十歲的時候，阿姑帶我去兒童樂園玩，那是第一次有人為我慶生；我還記得二十歲的時候，在校園的『風雨走廊』與他擦身而過，四目交接時，從未經歷過的天旋地轉就此開始……

當我年屆不惑，過去的情境都已成回憶；我五歲、十歲、二十歲的身體也已不復見。五歲時的我和四十歲的我顯然不是同一具軀體，醫學上也證實全身細胞每七年更新一次；那麼，我想問的是：「是『誰』在我的身體裡面，經歷著這一切？」

是「靈體」(atma)、靈性真我！靈體不毀壞、不改變、永遠存在。

在亙古的愛情故事中，「靈性真我」更是愛的見證！

羅蜜歐：我該用什麼起誓？
茱麗葉：你根本無需起誓。不過，若你願意，就用你高尚的「真我」（自己）為名起誓吧，那是我所崇拜的神。這樣子，我便相信你。

——莎士比亞（一五六四～一六一六）

身體和精微體會隨著時間、情境而不斷改變，但靈體永遠不變。靈體擁有這物質軀體、外表、習性、想法等，但卻不等同於它們。你不是物質軀體，你是靈性個體！你的物質軀體必須承受惡報與善報，必得要經歷生老病死，但是「真正的你」毫髮無傷，沒有誰傷得了靈性個體！

靈體是「意識」的來源，是「你自己」，這是不變的真理。

靈體不需受苦

事實上，時間帶來的壓力、物質能量的「三重苦」，這些你都可以避免。千萬別以為「受擾」、「受苦」是你活該！你是「靈性個體」，是奎師那永恆的一小部分；你可以和奎師那一樣「永遠都快快樂樂的」，這才是你的自然狀態！

《梵天讚美詩》（5.1）描述奎師那的身體是 sat-chit-ananda，也就是說祂充滿了「永恆、全知、極樂」。既然「你」是奎師那的微小部分，那麼，你的自然狀態也是「永恆、全知、極樂」的。雖然，在奎師那身旁，我們顯得微乎其微，但是，我們也是 sat-chit-ananda 呀。這就好像是說「金砂」雖小，在體積上不能跟「金山」相比，但金砂和金山一樣，其成分都是如假包換的黃金，絕無其他成分（痛苦）。

根本的問題在於「只認同物質軀體」——假我意識，那就會受制於物質能量，必須承受「短暫、愚昧、痛苦」。

若能培養「真我意識」，才有可能到達那「沒有痛苦的地方」。

到底是誰的錯？

高塔蜜（Gautami）的兒子被蛇咬死了。那時，剛好有個獵人在旁邊，他抓起這蛇說：「這邪惡的蛇咬死了你兒子，夫人啊，你要殺要剮一句話。讓我來替天行道！」

高塔蜜說：「小智的獵人啊，放了蛇吧。愚人因其愚行而背上重擔，會在罪惡之海中沉沒。即使殺了蛇，我的兒子也活不過來了，更無其他任何好處。放了蛇吧，這樣才不會對你造成傷害。」

獵人說：「不對不對。我聽說聖人因看到其他生命體受苦而憂愁。我路見不平，眼見這惡蛇咬死小孩，我心中感到悲傷。所以，我要殺死這蛇！」

高塔蜜說：「會死的是物質軀體；靈性個體則永遠不會受傷害。我兒子的死是命運註定的！因此，這蛇不能殺！自己心中積累怨恨，只會增加痛苦。所以，好心的獵人啊，發發慈悲吧。」

獵人：「不行。這蛇應該殺，殺了惡蛇，我們會得到好報，牠也能贖罪。」

高塔蜜：「如果蛇來咬你，你因自衛而殺蛇，那是另一回事。而今，這蛇已受制於你，你的生命又沒受威脅，這樣子去殺蛇會有什麼好報？若敵人來危害我國，你為了人民而上戰場殺敵，那才會得到好報；為了滿足自己的悲傷情緒而「殺敵」，怎會有好報？所以，現在的情況是，要把蛇放了才會有好報！」

獵人：「可是，你要知道，現在放了蛇，以後可能有更多的人會被牠咬死。正邪不兩立！你就讓我殺了這蛇吧！」

高塔蜜：「不行，你應該放了牠！」

就在兩人相持不下之時，蛇嘆了一口氣說：「愚蠢的獵人啊，這不是我的錯啊。咬死他又不是我的意思。事實上，這是閻王的吩咐。因此，若此事是罪，那麼閻王才是罪人啊！」

閻王聽到蛇把過錯推給他，於是便出現說道：「蛇啊，你錯了，這也不是我的意思。這是『時間』的吩咐。時間啟動了善性、激性、墮性，因此天上人間的所有眾生所做的一切行動都受時間影響，整個宇宙也都受時間掌控。所以，我們都沒有罪！我們都活在『時間』的力量之中，我們被捆綁著，在適當的時候就必須執行任務。」

突然間，從空中傳來聲音：「閻王啊，你錯了。我是『時間』，但我和大家一樣，都是事件的部分原因。獵人啊，這孩子的死是『他自己的業報』造成的；在業報法則的運作下，我（時間）、閻王、蛇才會被驅使去行動。所以，這孩子的死是因為『他自己過去的行動』使然！若這年幼的孩子被咬死是一種錯誤的話，那我們全都沒有錯，錯的是小孩自己！」

這個故事是畢施瑪祖父說給尤帝世提爾王聽的。當時，尤帝世提爾王因庫茹之野這場世界大戰而懊惱不已，他覺得自己有罪。

畢施瑪最後說：「尤帝世提爾啊，請放下悲傷，平靜下來吧。人會因為自己選擇的行動而過著天堂或地獄的生活。這場世界大戰不是你、也不是難敵所造成的。所有這些戰士若戰死沙場，那也是他們的業報，是時間造成的。」

除了你自己，這世界還有神眾、業報、時間在運作，所以人的行動不是獨立的！若以為一切都是自己在做而已，人就無法避免驕傲的心態。

追求人生真理的人會接受並容忍各種痛苦，因為他們知道這是過去的行動所致。他們不會責怪他人，會把這些痛苦看做是人生的功課，或把痛苦看做是「時間」、「死亡」的代表。這是想要提昇意識的人應該培養的眼光。

事情若順利，人們會認為是自己努力得來的，也有人會說這是神的仁慈。若有衰事，大多數的人則會認為是別人帶衰！要是能把衰事看做是「自己的業報」，甚至是「神的仁慈」，需要大智慧，以及深厚的信仰！

★靈體的源頭

奎師那說：「要知道世間一切事物都來自於這兩種能量（高等和低等能量），而我既是整個宇宙的源頭，也是其終結者。」(7.6)

我們都是奎師那的一小部分，是祂的高等能量。祂所擁有的富裕，我們也都有；我們和奎師那在「品質」上，是無二無別的！但在「數量」上，卻是天差地別！

這樣的情況可以用「金砂和金山」、「水滴和大海」來說明，前者是極小的量，但後者是它取之不盡的「源頭」。所以，要瞭解奎師那，這和瞭解「你自己」可以說是同一回事！你有的，奎師那一定都有；反之亦然。

身心問題的病根是「假我意識」。我們是永恆、全知、喜樂的靈體，是奎師那的高等能量，落入物質世界後，就寄住在短暫的物質軀體裡（奎師那的分離能量、低等能量），但現在你卻認為這身體才是你，甚至是你的全部！所以，反而與源頭隔開，或絕緣！但，物質能量是奎師那的分離能量，而「你」並不是！

所以，要培養「真我意識」，你（靈體）需要的是與「源頭」重新連結。我們可感知「靈性真我」確實存在，但靈體微小到不可見（髮尖的萬分之一）。難道，靈性和「精微體」的探索一樣都免不了「無形無象」、妄談能量的危險？

不，不一樣！因為靈體有「源頭」。

世間無父無母的人最為可憐！因為，他必須靠自己在無形的虛空中摸索。然而，《薄伽梵歌》確立了靈體的源頭正是「奎師那」！這就像一直在流浪的孤兒終於找到母親（經典《薄伽梵歌》），透過母親，他就能找到身心靈的源頭——最偉大的父親！

人際關係真正良好的人，他們和父母的關係通常也不錯！父母是我們物質軀體最近的「源頭」，若在這方面出現問題的話，人生必定會有更多的問題。

同理，我們物質軀體「最遠的源頭」，也就是眾生靈性上「共同的源頭」是誰？如果不「萬里尋父」，找出源頭，那麼是不可能認識真正的自己的！要幸福快樂，要解脫，也就沒有了真實的基礎！

第十五章　生命的不同里程碑

如果家庭生活一直讓我們很滿意，或只是習慣，那麼你不會想離開「家」。

如果在台灣的生活一直很不錯，或只是習慣，那你就不會離開「自己的土地」，而去移民，或者長期在國外渡假、漫遊。

如果人生一直很順遂，或只是習慣到麻木了，那你就不會想要離開「物質軀體」，追求解脫。

如果天堂神眾（以精微體存在）也沒有心念、情慾、假我的問題，那也就不會想要離開「物質世界」，到達永恆、全知、極樂的「靈性世界」。

「離開」就是想要「解脫」，這肯定是嚐到了極大的苦頭；否則要放棄原有的慣性，有時反而更難，又或許更苦。

人生走到「老病死」加速進行的階段時，苦不堪言，很多人都想解脫，都想離開這片苦海，他們以為「離開現存的環境」，就會很輕鬆、很放鬆。

然而，解脫只把話講對一半！因為，離開某地，意謂著要前往下一站。

如果解脫後只是暫時的放鬆感，那麼這就好像溺水時的幾口新鮮空氣吧。

事實上，離開某地或某人，或結束掉某種狀態後，不見得會輕鬆，也許更糟，甚至會覺得……也沒啥不同。

若無預設目標，只是隨機隨緣，雖然看似瀟灑自在，卻容易不知所終。現在的多少宅男宅女，不就是如此地浪費青春？沒有足夠的知識，也不付諸行動，很難讓事情好好發生。去了解、去行動吧，儘管過程和成果有瑕疵，但都好過什麼也沒做。即使注定毀滅，也要毀在自己手裡，這就是「你的生命」意義之所在！

但是，若你已設定離開地球後的目標是「佛的國度」、「天主的國度」、「基督的國度」、「阿拉的國度」，那解脫怎麼會是問題？這就好像旅行社已幫你安排好去喜馬拉雅山的別墅渡假，那離開台灣怎會是問題？

真正的問題是：你是否具備在那個國度生存的條件？你所覺悟到的「意識狀態」是哪一層呢？或者，你也只是去渡個假而已，過不了多久，便又要回到地球，面對更嚴重的暖化和種種危機，重新生死輪迴？

★「絕對真理」的三個層次

奎師那說：「阿爾諸納啊，有四種虔誠的人會崇拜我：受苦的人、好奇的人、追求享受的人、追求真理的人。」(7.16)

想要解脫、離苦得樂的人就會追求「真理」。問題是：解脫之後，是什麼？也就是說，脫離物質能量的掌控後，是什麼？

答案是：「絕對真理」的三個層面。

雖然有許多哲學家都在追求真理，但是，真理並非靠人為的思考、推論、臆測而得的，因為人都會犯錯（15.16）。關於絕對真理的完整知識必然是神自己所揭示出來的，也只有祂自己能完全地瞭解祂自己。（10.15）

古印度的奉愛瑜伽傳承強調：追求真理時，要以靈性導師、聖人、經典（guru, sadhu, shastra）三者交互參照。而經典之中，首推《薄伽梵歌》，因為這是薄伽梵——奎師那親自講的話。

根據《薄伽梵歌》的教導，絕對真理有三個層面：梵光、超靈、薄伽梵。

（一）、梵光（brahma jyoti）是至尊主的「非人格面」。

（二）、超靈（paramatma）是至尊主位在眾生心中的「局部展示」。

（三）、薄伽梵（bhagavan）是至尊主「本人」。

依據這三個「覺悟神」的層次，人會展現出靈性程度（意識狀態）深淺不同的「永恆、全知、極樂」，最終也會到達不同的解脫目標。

聖帕布帕德常舉「太陽」的例子來說明這個觀念，他說可以用「陽光、太陽表面、太陽本體」這三個層面來瞭解絕對真理或至尊主：

(一)、「初階」的理解：對太陽的興趣僅止於陽光／(梵光)。

(二)、「進階」的理解：進一步去研究太陽表面／(超靈)。

(三)、「終極」的理解：進入太陽本體／(薄伽梵)。

同樣的道理，也可以用「火車」做例子。想瞭解火車的人在夜晚來到車站月台，等候火車進站。首先，他看到的是車頭發出的「光」，然後隨著轟隆隆的聲音，他看到了「火車的車身／外表」。最後，若他想知道真實搭乘火車的感受，他必須「進入車廂」來實地瞭解。

其實，很多事也都是同理可證。譬如，有人說他「知道印度」，其實他只是看過電視或書本上的印度。但是，去印度觀光過的人就會有較多的認識；只不過，他也只能走馬看花，看到表相而已。若想要對印度有終極的理解，你就應該去印度長住，與當地人交往，參加他們的種種活動，才能真正瞭解、體會印度。

對於人的理解，也可以用這三個層面來看。「聽說」、「看到」、「與他談話或交往」就是三個不同的理解層次。很明顯地，只聽別人說起，或遠遠地看過，這些都是不完整的。

所以，在相信神的人當中，對神的理解可能是「初階的」、「進階的」，或是「終極的、全面的理解」。

★梵光——對神的初階理解

奎師那說：「看到一切活動都只是物質能量在作用，靈體什麼也沒做，這樣的人看見真理。看到一切個別的生命體，在毀滅時回歸於一個物質能量，在創造時又從同一個物質能量出現，這樣的人會覺悟到梵」。（13.30-31）

「知梵者若在火和光的路徑上離去，在白天、在月亮漸圓的兩週中離去，或在太陽行進於北方的半年中離去，他就得到梵。」（8.24）

對神最基本的認識就是祂「永恆」的特質。不論永恆一詞有哪些定義，甚至於也有人推論說根本沒有永恆。然而，只要是人，只要他能稍微靜下來，他必曾想過：若能永遠地活著，（最好還永保青春）有多好！「鑽石恆久遠，一顆永留傳」，人們在物質世界中發現鑽石的永恆性質，便視之為稀世珍寶。「永恆」可說是凡人想要突破物質能量限制的第一個渴望。

然而，獲得永恆的方法是什麼？一般的宗教傳統中最多告訴我們去求「解脫」，或者「上天堂」。但從韋達經典的教導來看，天堂有好幾種，而且那也只是些短暫享樂的地方，甚至還沒有人間好：在人間還可選擇靈修，提昇意識；但是在天堂只能享樂，結束享樂後唯有往下墜落一途。

如果靈修者的目標只是解脫，卻沒有確定的目的地，那麼他成功突破物質能量的控制和捆綁後，他又要往何處去？他必然會在梵光中享受無窮的光明、清淨、自在、永恆。

事實上，梵光自奎師那的身上流衍而出，從靈性世界的至高點千瓣蓮花（哥珞卡・溫達文Goloka Vrindavana）間透析而出。梵光的內部是浮著無數靈性星球的一片光海。

結束了在物質世界的旅程後，就像離開了本國之後，你要去哪裡？如果，你不先計畫好，你能在海關、機場逗留不走嗎？所以，梵光不是解脫的終點，你應該多瞭解一點靈性世界，更加確定自己靈修的目標！

聖帕布帕德指出：人人在靈性上都有「活躍」的特質，永遠都在「思考、感覺、願望」。所以，雖然梵光的覺悟是永恆的，但是在靜止不動的梵光中，你必然無法久住。當你覺得無聊，想做點什麼時，「願望」便再次啟動，你便會自梵光跌落，不得不回到有生死苦難的物質世界。

「非人格神主義」的謬誤

奎師那說：「無知者以為『非人格梵光』是至尊，而我本人是梵光所展示出來的虛幻形象。他們不了解我超然的形象和活動，是既永恆又至高無上的。

即使是在我的靈性居所，所有生命體也都被我的內在能量——『瑜伽幻力』所覆蓋，並非人人都看得到我。愚蠢的無知者更是無從了解我永恆而無生。」（7.24-25）

非人格神主義者也相信神的存在，但卻憑空臆測，誤認為神不具人格性。他們說，顯現在凡間的神也和凡人一樣有身體，既有凡人一般的身體就不是神。他們認為真理應該就只是「真理」，是「非人格的」——無形無象，甚至說宇宙的本源是一個「非人格化的力量」在主宰。

但以上說法是一個令人非常遺憾的謬誤。因為根據《薄伽梵歌》，我們所處的這個物質宇宙，甚至是包括無數宇宙的物質世界，以及其中的「動與不動」的眾生，這些人事物的創造、維繫、毀滅都是來自「奎師那和祂的能量」（9.10/10.20）。一切的一切，推到最究竟的那個原初點上就是奎師那，祂是「原人」（adi-purusa），祂是至尊主，祂是神所有化身的本源。如同當年戰場上的阿爾諸納看到的，祂有手有腳，有頭有臉；而且，「祂是有人格的、有個性的」！

認為修行的最高境界是到達那團梵光的人，實在是太可惜了！沉浸在光裡的人對光源無知，也泯滅自己的個體性、人格性，這是「靈性自殺」！

《至尊奧義書》第十二首詩就如此警告我們：

「崇拜神眾者，終將墮入愚昧黑暗；崇拜「絕對真理」（神）的非人格面者會更糟糕。」

Facts

神有形象

有人說凡人有身體、形象，所以神就不應該有身體、形象。這是不合理的！

我們因為這血肉之軀會腐朽，就以自己的經驗推論，「永恆的神不應該有身體」。其實，只對了一半。

神沒有血肉之軀，但有永恆、全知、極樂的靈性身體。我們的形象會隨著年紀而改變、老醜，但神的形象是永遠年輕的，而且是「最有吸引力的」（奎師那 Krishna 的原義）。

如果凡夫俗子的我們都有「形象」，而神卻沒有形象，這不是很奇怪嗎？果真如此的話，我們就比神更豐富、更厲害囉?!

的確，神的能量（梵光）是沒有形象的，但是「能量的主人」，神，是有形象的！

超越梵光的方法是「接受神的人格性」！

奎師那說：「『梵』不具人格性、長存不朽，是永恆喜樂的構成要素，而我正是梵的基礎。（14.27）

執著於『非人格梵』的覺悟者，會遭遇極大的困難。那不顯現的目標（無形無象）為有軀體的人帶來痛苦。」（12.5）

一個裝潢美好、乾淨整潔的家，若只有你一人獨居，想必你還是會受不了而常到外頭閒逛吧！

如果沒有人際關係，沒有互動，沒有愛的交流，活著又有什麼意思呢？

你需要人際關係的互動，這並不是因為你的身體或心理需要，而是更為根本的「靈性」有此需要。

「你應該認識並崇拜神的至尊人格和祂的名字、形象、品質、居所等，也應該認識這個短暫的物質世界，和其中的神眾、人類、動物。這樣，你便超越死亡，超越這轉瞬即逝的物質宇宙，在至尊主的靈性世界中，你將永遠過著全知喜樂的生活。」註20

當你回到靈性家園後，回復到自己的真實身分，你將與靈性世界的主人——奎師那，重建永恆的靈性關係。是這樣的美好交流、完美關係的滋味，自然地取代你自私取樂的物質欲望；你將有奎師那和祂親密的奉獻者相伴，過著真正無憂無慮、自由自在的生活。

如果你相信神，也明瞭「梵光」的潛在危機，卻暫時不想和奎師那培養關係，那麼你可以練習覺悟「超靈」。

★超靈——對神的進階理解

在《薄伽梵歌》第十三章當中，奎師那詳述了關於「超靈」的真理。

奎師那說：「我現在要講述知識的目標，明白這個，你將得到解脫。這至尊梵——超靈，沒有開始、依賴於我、超越物質世界的因果報應。」（13.13）

超靈的梵文是Param-atma，意即「至高無上的靈性個體」，其英文名為Supersoul。超靈伴隨著眾生，無處不在。但是「靈性個體」(你)不是超靈，全部的眾生加在一起也不等於超靈。千萬別以為「超靈也只是某個渺小的靈性個體而已」！

超靈不同於你我，祂遍及所有，無處不在。祂也可以完全瞭解每一個眾生，而這是任何一個眾生永遠做不到的！因為超靈就是神在眾生(人與動植物等)之中的「局部展示」！

超靈在哪裡？

超靈即為「牛奶之洋維施努」，祂居於北極星上，受神眾崇拜；祂也不可思議地擴展到物質世界裡一切眾生的心中。

(一)超靈在人人心中

「……我處於他們心中，並以我的能量讓他們從事活動。」(18.61)

「……我是一切眾生心中的超靈(牛奶之洋維施努)。惟獨我是一切眾生的創造、維繫和毀滅。」(10.20)

「祂在眾生之內，也在他們之外。祂看似靜止不動，同時卻又遍遊八方。祂微妙難知；既遙遠，又極近。祂不可分割，又分處於眾生之中。祂維繫著眾生，卻毀滅他們，又創造他們。祂是一切光體之光，超越黑暗。祂是知識、知識的對象、知識的目標。祂位於一切眾生心

中。」(13.16-18)

(二)超靈無處不在

「到處都有超靈的手和腳。到處都有祂的頭和臉、眼和耳。超靈覆蓋宇宙內一切事物。超靈照亮了所有的感官和感官對象，祂自己卻沒有任何感官。祂不執著依附，卻維繫著眾生。祂沒有物質三重屬性，卻是一切屬性的享受者。」(13.14-15)

超靈的特質

(一)超靈是全知的

「你要知道，我也是所有物質軀體的知場者。」(13.3)

「阿爾諸納，我知道過去和現在的一切，也知道未來的一切。透過超靈，眾生的一切我全知道，但是無人知道我。」(7.26)

高唱「心事誰人知」的人應該認識超靈，祂一直陪在你身邊，祂完全瞭解你！覺得孤單、無依無靠的人無需傷悲，因為超靈一直陪伴著你我，直到老死。祂無處不在，也存在於你心中；所以，祂全知，沒有什麼是祂不知道的。你的委屈、快樂，祂全都知道！因為有超靈，所以奎師那可以照顧到眾生，也就是每一個生命體。因為有超靈，你永不孤獨。

（二）超靈不受污染

「以太雖無處不在，但因其本質精微而不受玷污。同樣地，超靈雖遍布於一切物質軀體之中，祂也不受污染。」（13.33）

在高等和低等物種中同樣都有超靈的存在，但超靈絲毫不受個體生命狀態的影響。

當你在今生吐出最後一口氣，結束生命時，你用心經營一輩子關係的家人、至親、好友，不會有人陪著你死。但是，即使在垂死的污穢不淨與極端痛苦中，在死亡發生的那一刻，在重新投生的過程中，超靈從來沒有離開你我，祂一直陪伴著我們。不管你會投生為神眾、魔眾，或是人類、動物、植物、細菌，甚至於墮落為惡魔、鬼魂或下地獄，超靈永遠與你同在，不離不棄！超靈可說是永生永世最愛你的人，也是最值得你去愛的人！註21

超靈的活動

（一）永遠陪伴你（眾生）

靈體和超靈都位於眾生的心臟部位。註22

在你的生生世世之中，你不是一個人在面對，超靈一直都在，也一直陪著你在不同的物種之間旅行。

所以，超靈是人人的摯友，只有祂會與你生死兩相隨。只可惜，一般人對神的領悟尚未達到此程度，甚至為神全然奉獻的人，有時也會誤以為神遺棄了自己。

在物質的層面上，男女會互相吸引。近代所謂的「靈魂伴侶」（soul mate）指的是與自己心靈相通的另一半。不過，若你瞭解到超靈的存在，以及超靈的品質與活動，那麼可以說：人人的靈魂伴侶都是超靈，因為只有祂永遠與我們同在。

（二）見證和允許

「物質軀體之中還有一位至尊的享受者，祂是超靈，偉大的主。祂在靈體旁邊見證一切，對他仁慈，給他支持、保護。」（13.23）

「樹上有兩隻小鳥；一隻名叫「阿特瑪」（靈性個體），另一隻名叫「超靈」（至尊主）。」註23

阿特瑪總是飛來飛去，到處吃果實。這種情況正如靈性個體，總想要控制物質能量，追求享樂。但實情是：是超靈在見證、在允許，也就是超靈會根據阿特瑪的願望和業報，而允許他的願望被實現或被拒絕。因此，「心想事成」還需要確實的行動，否則，只是一廂情願的想法，命中沒有的終究不會發生。除非，你改變了行動。

所以，在你的內心深處，有超靈存在。祂在你的心中，生生世世默默地看著你，盼望著你回頭，不要再受果子引誘，轉而面向祂。

（三）支持與守護

奎師那說：「有些人因為欲望太多，變得無知。他們遵守不同的規矩，以崇拜不同的神眾，並受低等屬性所控制。

我是人人心中的超靈。我給予他們堅定的信心去崇拜他們所信仰的不同神祇。這些人懷著我所賦予的信心，崇拜神祇，並得到他們渴望的事物，但事實上只有我能賜予他們利益。小智者所得到的結果是短暫的。崇拜神祇的人得到神祇，崇拜我的人則得到我。」(7.20-23)

你會依照自己的意願選擇崇拜的對象。超靈完全瞭解你，若你心意已決，祂也會做好適當的安排，不但尊重你的意願，也會成全你的願望，支持你、守護你。

若你眷戀物質享受，只想享用祂的物質能量，祂也支持你（雖然祂稱這樣的人為「小智者」）。若你覺得物質世界既短暫又痛苦，不想待了，你要去梵光那裡清淨一下也ＯＫ；或是你只想和「絕對真理」保持中立關係，覺悟超靈就好，那也可以！

奎師那尊重你選擇的解脫層面，問題是：梵光中的你，一旦有了願望，便又要重回人間！而超靈的覺悟中沒有交往、對待，也不夠完整。祂最高興的是，你成為祂親密、親愛的朋友，並接受「超越梵光、超靈」的薄伽梵——奎師那。

Facts

為何神「無處不在」、「全知全能」？

亞伯拉罕諸教（猶太教、基督教、回教）認為神無所不在，遍及萬有，但神是「如何」做到這點的？

若我們知道處在人人心中的「超靈」就是神的擴展，那我們是不是更能領悟神「無所不在、遍及萬有」這樣的特質？而且，祂也「全知全能」——藉著「超靈」，祂不只知道每一個眾生心裡在想什麼，祂還成全他們，也就是滿足他們的願望。

曾有人說：「神賦予人自由意志，所以神不是全知全能的；因為人有自由去做一切決定，神無法阻止。」

這樣的說法完全是因為不瞭解（或拒絕瞭解）「超靈」而產生的謬論。其實，人憑著自由意志所做的一切決定，神藉由超靈，不僅全都知道，祂還全程參與。人的記憶力也許很差，但是超靈全都知道，也全都記得。

我們每一個人都能感知到自己的身體，或能感知到一些周遭的人事物。但是，沒有人敢說自己「完全」知道另一個人、另一個身體；更不用說，「所有人」和「所有身體」。但是神藉著「超靈」而能做到這些。

認識超靈才能真正解釋神「全知全能」以及「無處不在」的特性。

★薄伽梵——對神的全面、終極理解

心理學家榮格認為人有意識、潛意識、無意識。「潛意識」又可分為：個人潛意識和集體潛意識。「集體潛意識」是人格中最深刻、最有力的部分，是幾千年人類經驗的累積所形成的一種「遺傳傾向」——原型。各種原型在夢、幻覺、幻想、精神病症中無意識地表現出來。他多方考察、比較，發現各民族有許多共同的「原型」；這些原型中充滿了「神的形象」。

古印度經典中的「薄伽梵」一詞可讓我們更瞭解「神」的品質和活動。薄伽梵是台語的音譯，梵音是Bhagavan，其意為：六大富裕（Bhaga）「財富、力量、名望、美麗、知識、棄絕」極致的擁有者（van）。註24

「薄伽梵」是絕對真理的最高層面，是「神」，也是「至尊主」。

你也許擁有某些「財富、力量、名望、美麗、知識、棄絕」，但是，能永恆地擁有這六大富裕的極致，只有薄伽梵！

對神的理解若能提昇至薄伽梵的層次，那便自然涵蓋梵光的「永恆」，和超靈的「全知全能」、「遍及萬有」；此外，還能覺悟到靈性的無上喜樂。「永恆、全知、喜樂」是靈性本質，唯有認識到薄伽梵，才能全面而完整地認識「絕對真理」。

事實上，梵光、超靈都是薄伽梵的部分展示。想要全面地認識梵光、超靈，更應從認識薄伽梵來著手。原因是：瞭解本源便能瞭解其各個部分（top-down）；但從部分來追溯本源的話，比較難，也要花上更多的時間，甚至到最後可能還是「見樹不見林」。

薄伽梵即神

以下列出薄伽梵的同義詞，其中第九個和第十一個是韋達經典中所記載的聖名——神的名字！

1	唯一真神、天主、上帝、阿拉	God, Lord, Allah……（英）	
2	控制者	Ishvara	
3	至尊控制者	Param-ishvara	
4	超靈	Param-atma	
5	至尊梵	Param-brahman	
6	極樂梵	Aananda-maya Brahman	
7	至尊主	The Supreme Lord（英）	
8	薄伽梵	Bhagavan	擁有「財富、力量、名望、美麗、知識、棄絕」這六種富裕的極致者
9	維施努（納拉央那）	Vishnu（Narayana）	維繫者，是奎師那在物質世界的正式代表
10	神的至尊人格	The Supreme Personality of Godhead（英）	
11	奎師那	Krishna	最有吸引力的人，「唯一真神」的「至尊人格」

Facts

釋迦牟尼佛是薄伽梵的化身之一

佳亞戴瓦．勾斯瓦米（Jayadeva Goswami，是西元十三世紀的印度詩人，也是一個外士納瓦（崇拜維施努或奎師那的人），在他的代表作《吉塔．哥文達》（Gita Govinda）一書中有一段獻給佛陀的讚美詩：

「宇宙之主啊，化身為佛陀的至尊主啊，所有的榮耀全歸於您！慈悲的佛陀啊，您公開譴責『假借韋達經典』為名義的祭祀儀禮，這種宰殺可憐動物的暴行。」

根據《薄伽梵往世書》的預言，佛陀是維施努的十大化身之一，祂主張「非暴力」（ahimsa），其主要任務便是中止屠宰動物，以因應這個年代的人們濫殺的傾向。

在《薄伽梵往世書》（1.3.24）中早已預言了佛陀的顯現：

「然後，在卡利年代一開始，至尊主將顯現為在比哈爾的嘎亞，他將做安贊娜的兒子，名為『佛陀』，祂的目的是要使神眾的敵人（無神論者）困惑。」

這句詩文乍看之下，似乎與史書中的記載不符；歷史上的記載是：「佛陀的母親名為瑪雅戴薇，而悉達多的出生地是在尼泊爾。」

然而，現代「奉愛瑜伽」學者史蒂芬Ｊ．羅森考證後的結果是：「佛陀的母親早逝，他是由祖母安贊娜扶養長大的；雖然佛陀的出生地在尼泊爾，不過他證悟之處的確是比哈爾的嘎亞。」註25

佛陀顯現時，社會上充斥著愛吃肉的無神論者，他們以祭祀奉獻為名，宰殺動物，滿足自己的口腹之欲。於是，佛陀聲稱反對韋達經典中「神的教導」，並提倡「非暴力」，要勸阻無神論者大肆屠殺動物的罪行。這些無神論者就被佛陀迷惑了，而托庇於「宣揚無神論的」神的化身——佛陀！

時至今日，外士納瓦奉獻者仍然以敬奉至尊主的心思來看待釋迦牟尼佛，認為祂的示現是典範，凡夫應該崇拜祂、服務祂，卻不該妄想自己也可以和至尊主一樣！

神是宇宙的主人

想要「心想事成」的人，透過心念發出訊號給「宇宙」——超級供應源，期待「它」予以回應，滿足願望。這是怎麼做到的呢？

當你在自動提款機前，操作按鍵以「發出訊號」時，回應你的只是這部機器而已嗎？若你稍加細思，這機器的運作一定遵照著某種「法則」；這機器和法則的背後……一定有「人」！

當你許下心願時，回應你的「人」是誰？誰可以回應「無數眾生」「無止盡的願望」呢？此「人」正是「神」，祂是「宇宙主人」！祂是種種富裕的無限擁有者——「薄伽梵」。你沒有致謝，祂也會養你。祂一直以來就養育著宇宙內所有的眾生[註26]，祂「最神」！這個生我們、養我們的宇宙是神的能量、財產。而對這無窮無盡的供應源的稱呼方式，便界定了你與祂之間的關係。你如何看待祂當然會影響你許願的成果。

假如你想認識某人，若你真有誠意，你會去請教他的尊姓大名。

甚至，你想向某個有錢人借錢，你去他家門口大叫說：「請借錢給我……」或向他家的對講機這樣說，都沒有用。你必須找到房子的主人、對講機的主人。

事實上，你若知道他的名字，而且長久以來，你已和他培養出某種程度的關係，那麼，你所能得到的成果自然不同於一般！稱呼某個有錢人為「郭先生」、「郭台銘」、「台銘」、「銘」、「小郭」、「黑郭」等等，都暗示著你們之間關係的實質和深淺。

因此，大而化之地稱呼這超級供應源為宇宙、智慧體，那說明了你和祂之間是粗淺的交情，連點頭之交、鄰居情分都還不到。在這種情況下，你想用「命令」的態度叫祂為你辦事，那只能說是你的一廂情願！

宇宙不求回報地給了你生存所需，事實上，不管你有沒有感謝祂，祂已一直一直地這樣服務著你很久很久了。但這不代表祂在你之下。相反地，祂絕對在你之上。因為，祂是你和一切眾生的「衣食父母」啊！

心想事成的祕密，在於瞭解宇宙主人和祂所立下的「自然法則」。

若你想知道更多的祕密，你怎能不好好地認識祂，去請教祂的尊姓大名，並進一步培養你和祂之間的關係？

宇宙主人只有一個！

也有些人說薄伽梵包括一切的神，所以維施努、希瓦、象頭神等等都一樣，甚至，什麼東西都可以是神，都等於神。簡言之，你是神，我是神，大家都是神！

的確，從某個角度看來，世間萬事萬物都有同樣的根源，因為物質和靈性（精神）的本源都是至尊主。某些韋達經典中也的確將希瓦和維施努視為同一位個體，維施努的一千個聖名中也包括希瓦。

不過，我們也有理由相信萬物之間存在著差別，而「神」和「萬物」之間肯定有著更大的不同。「神本人」和「神性品質極高者」之間也是不同個體。而且，事實上是透過能看出這樣的差別，人們對「至尊主」——「薄伽梵」的信念和愛心才會更純粹。反之，則讓人迷失！

亂世多「假神」、「假仙」

受卡利年代影響日深，現代人的生活中充滿虛假與紛爭。許多崇高的名詞也都貶值了；譬如說，碩士、博士已不復當年的威風。在印度遊學時，曾給一個老人五十盧比，結果，他就一直對著我叫「薄伽梵！薄伽梵！」並作勢要膜拜……

因為虛假之風盛行，自稱為是薄伽梵的「假神」比比皆是！他們甚至連六大富裕中的「美麗」都沾不上邊，竟也自封為神。因為有人情願被騙，於是就有各種假神出來騙人，宣講「部分真理」——講「愛」就錯不了，但其中夾雜著自創的理論，甚至是別有用心。

「薄伽梵」從來都沒想要「收買你的心」，讓你「成為祂的人」！薄伽梵永遠尊重每一個靈性個體的願望和決定。

不過，祂也一直在等你！等你厭倦了物質能量的循環圈，等你心甘情願地想尋找祂，認識祂，與祂連結！

Facts

大家都是神燈的主人嗎？

想要宇宙的富裕，又要命令他，這就好像在垂涎世界首富的錢財，但「命令」是正確的做法嗎？為了得到新玩具，而在百貨公司地板上打滾的小孩，用盡包括命令等各種方法吵鬧，父母就一定會買給他嗎？

既有「高於你」的宇宙存在，而你是仰賴著宇宙的供應在享受人生；那麼，面對宇宙的態度是用要求，或下命令的嗎？宇宙既然高於你，為什麼他要事事聽命於你？

假設你有一個富爸爸，你覺得，只要向他「下訂單」，由於他對你無盡的愛，他就必須要不斷地滿足你嗎？就算這個「供應源」是取之不盡、用之不竭的富爸爸，但把你生出來、又比你有錢有勢的富爸爸，到底是你的僕人，還是你的主人？

神燈只有一個，主人卻有很多個，這完全說不通！主人們的心願有衝突時，神燈又該聽誰的？

把宇宙當作是「型錄」，對著宇宙要求這個那個，並且認真地相信宇宙會給予回應，然後只要說聲謝謝就好了；甚至說「很多的」謝謝，宇宙還會給更多！若你真能這麼地予取予求，你不就成了宇宙的主人？或至少能和宇宙平起平坐了？

果真如此，那你又何需道謝？而且為什麼你還會有「怎麼都滿足不了的欲望」，和「彌補不了的遺憾」？

再說，若人人都是宇宙的主人，這樣的宇宙其實是沒有主人的；因為這就好像在說人人都是「台灣的總統」、「台灣的頭家」一樣，說了等於沒說，是空話。「人人」，也就是你，實際上擁有的權力就只是一票——自由意志！你可以扣應（call in）發表看法，但真正做實際決定的，是另有其人！

★至於無神論者……

奎師那說：「自以為是的邪惡之徒不向我臣服，這些人包括像動物一樣只知工作和享受成果的愚人、否定神和宗教且不願提昇意識的人、被瑪亞偷走智慧而認為我的形體為物質的人、堅持物質的證據而以邪見或武器攻擊我形體的惡魔。」（7.15）

無神論者說：「我就是不相信神的存在，而且神也無法向我證明祂的存在。因此，要不就是根本沒有神，否則就是祂無法影響人類。既然如此，為什麼我要相信神？」

當代奉愛瑜伽大師，聖帕布帕德指出：神的確引導我們去見祂，但為何還是有人看不到？為什麼要用自己的方法去見神？用自己的辦法，永遠看不到神。不可能。如果非得用自己的辦法不可，那麼只好永遠失明做瞎子。

現代有許多哲學家和科學家，自不量力地用自己想出來的辦法去證明神的存在，但這是不可能的。唯有用神教導的方式，才能見到祂。

如果我想見美國總統，我可以用自己想像的方法見到他嗎？如果不能，那我們又怎能用自己的方法見到神？一個小員工，能夠憑自己的意願就見到管理幾萬人的老闆嗎？而且，神也沒必要向任何人證明祂的存在。我們相信祂或拒絕祂並不影響祂的完整與完美。但是，拒絕祂或不聽祂話的人，必定要吃苦、受罪！

理髮師與神

小明去理髮。理髮師和他聊了開來，天南地北，無所不聊。最後，不知怎地，竟談到了「神」這個話題。

理髮師斬釘截鐵地說：「我不相信有神。」

小明：「為什麼你這麼肯定？」

理髮師：「嗯，你只要走上街，你就會知道這世上根本就沒有神嘛。」

小明：「……」

理髮師：「你說吧，要真有神存在，怎麼會有那麼多人病得要死不活？怎麼會有那麼多小孩被棄養？照我想的，如果神真的存在，那就不該有災難、痛苦吧。我實在無法想像一個容許貧窮、饑餓、戰爭、暴力的神……，那是什麼神哪！沒有愛啊！」

小明不知道說什麼好。理好了頭髮，便起身付帳離開。才一踏出店門，迎面就走來一個滿頭亂髮的男子。

小明靈機一動，便走回店內，向那理髮師說：「喂，你知道嗎？這世上沒有理髮師耶！」

「你胡說些什麼呀？」理髮師詫異地質問：「我不就是理髮師嗎？而且我才剛幫你理完頭吶！」

「不是。」小明說：「這世上根本就沒有什麼理髮師啊。如果有的話，路上怎會有那種滿頭亂髮的人啊！你看，就像外頭那個。」

理髮師抗議說：「什麼跟什麼呀，明明就有理髮師嘛，是這些人不來找我的呀。」

「沒錯！」小明馬上接著說：「重點來了。明明就有神啊，是你們這些人從來不去找祂而已。這就是為什麼世界上會有這麼多痛苦災難的原因啊！」

是啊，完美的神創造了一切，眾生都是祂的兒女。但是有的孩子接受祂的權威，乖巧懂事（正確行動），有的卻不認父母，為非作歹（錯誤行動、魔思魔行）。好小孩當然會得到獎勵，但不守規矩、不聽話的壞小孩不但傷害自己，也使別人痛苦，搞得世界亂七八糟。這麼多的痛苦、災難是對他們的懲罰，也提醒他們做錯事了，要懺悔改過。神當然愛世人，但祂應該也要做到公平吧。透過「業報法則」的運作，就達到公平，也控制、影響人類的所有作為，沒有人可以避免。

無神論者的節日

在美國佛羅里達州，有一名自稱是「無神論者」的男子，他聘請律師，要告基督教徒、猶太教徒，說他們慶祝復活節、踰越節是「歧視行為」。

他的意思是，國定假日中竟然沒有為無神論者制定的假日。

開庭當日，法官聆聽完原告律師慷慨激昂的陳詞後，就敲槌駁回此案。

原告律師趕緊站起來反對說：「庭上，您怎能駁回此案。這是憲法的缺失，基督教徒有聖誕節，猶太教徒有踰越節等等好多好多的慶祝節日，但惟獨無神論者……，什麼可慶祝的都沒有啊！這……公平嗎？」

法官停了一會兒，然後看向律師的眼睛，他慢慢地說：「但實際上無神論者有節日啊。律師啊，你的原告有著可悲的愚蠢……」

律師不服地說：「庭上，我們只是不知道無神論者有什麼節日可以快樂地慶祝而已，這樣不能算愚蠢！」

法官：「聖經上說：愚人在心中說，神不存在（〈詩篇〉Psalm 14:1）。日曆上明明寫著四月一日是愚人節，不是嗎？所以，本庭認為：如果你的原告說神不存在，那麼他便是愚人。四月一日便是他可以慶祝的節日啊，他可以在這天辦慶祝活動啊。」

第十六章　無上智慧的源頭

奎師那說：「征服財富的人啊，沒有比我更為崇高的存在。萬物都在我之中，如同珍珠串在線上。」（7.7）

★無數化身的源頭——奎師那

在《梵天讚美詩》中，梵天說：「至尊主奎師那，又叫做哥文達，祂有著永恆、全知、極樂的形象。祂是萬物之源，是一切原因的根本原因。」註27

《薄伽梵往世書》中記載了至尊主的不同化身。這些化身直接或間接地展示了薄伽梵的不同特色、富裕。最後的結論是一切化身的源頭是薄伽梵——奎師那（1.3.28）。

ete camsa-kalah pumsah
krishnas tu bhagavan svayam
indrari-vyakulam lokam
mridayanti yuge yuge

譯文：

上述所有的化身是至尊主的「全權擴展」或「部分全權擴展」，但是，主奎師那是最初的至尊主、至尊人。

每當無神論者製造出亂象時，祂們便會顯現。

至尊主會化身前來保護信祂的人。

奎師那本人則說：「神眾和聖賢都不了解我超凡的誕生。因為我是他們的源頭。（10.2）因為我——奎師那，超越一切，在犯錯者與不犯錯者之上，也高於梵、超靈和薄伽梵的其他形象，因此我以「至尊人」（purusha-uttama）的稱號，聞名於韋達經典和全世界。」（15.18）

不可思議的是：奎師那既是無數化身的源頭，卻也曾在五千年前，於銅器年代之末，在地球上的印度聖地溫達文（Vrindavana）親自顯現。

奎師那在五千年前來到人間，揭示了祂與奉獻者之間的最高機密，讓其他深愛著祂的人得到滿足，也讓想要學習愛神的科學的人有所依循，更有了「思考、感覺、願望」的純粹靈性目標。

神是一個「人」

神是至高無上的，高於一切神眾、魔眾，祂全知全能，無所不在，可同時，祂也具有「至尊人格」。換言之，神是至尊主，也是至尊人。

英國籍教授安東尼．福祿（Antony Flew）是有五十年資歷的「無神論者」。但是，現在他信神，而且是有充分的科學證據才相信的。現年八十一歲的他認為自己堅持了幾十年的想法是錯的，他現在的結論是，宇宙肯定是由某種智慧體或第一因所創造的。有超級智慧體的存在，才能合理解釋生命起源和自然法則。

福祿認為自己應該算是自然神論者，並且和美國第三任總統湯姆斯．傑弗森（Thomas Jefferson）一樣，都相信「神並沒有主動涉入人類生活」。他說：「我所理解到的神非常不同於基督教的神，也不像伊斯蘭教的阿拉，因為這兩種對神的描述都像是東方的專制暴君，或是宇宙級的海珊。」

他又說：「我的想法是，神可能是一個人，意思是，祂是擁有『智慧和目的性』的無上存在。」註28

梵音奎師那

「到那日，你們要說：當感謝耶和華，要呼求祂的名，向萬民傳頌他的作為，宣告祂的名已

受尊崇。你們要歌頌耶和華，因為祂行了卓越非凡的事。這事已普傳天下。」註29

「祂的名」是什麼？

中文「奎師那」源自於梵音 Krishna。

梵音『奎師』是動詞，意指最為強大的吸引力，『那』是附加字尾，意指靈性愉悅。這樣組合成『奎師那』，意即『絕對真理』。註30

神有許多聖名，譬如 Jehovah、Allah、El Shaddai、Elohim、Adonai、Yahweh、Krishna、Govinda、Vishnu 等等。心正意誠、專一心思地唸頌這些傳承久遠的聖名，都能使人到達「靈性」的層面。

然而，這些聖名之中，大多數只是「稱謂」。譬如說，Allah 的意思是「偉大的人」，Adonai 意即「主」，Elohim 是「全能者」，Jehovah 是「聖名」，God 這個字則可從古德語（條頓）追溯其梵文字根，其原義為「祈願、崇拜的對象」。我們都知道神是最偉大的，祂是一切崇拜的目標，但以上這些與祂相關的稱謂，卻無法讓我們更進一步瞭解神，因此也無法讓我們「直接」和祂建立關係。

有趣的是，耶穌（Jesus）這個字的拉丁文拼成 Isus 或 Iesus，阿拉伯文是 Isa。根據研究註31，拉丁文中的 i 和 j 是可以互換的，所以，Iesus 和 Jesus 是同一個字。這些字都和梵文 Isha 有關，其原義即 Ishvara——至尊控制者。所以「耶穌」的原梵文字義也不是名字，而是對神的稱謂。

聖名「Krishna」在印度則常被唸成 Krishen、Chrisen，在孟加拉或卡那塔卡等地則被唸成 Christ（Krista）！因此，我們發現 n 和 t 這兩個音也是可互換的。

「基督」的英文 Christ，是來自希臘文的 christos，意思是「救世主」或「彌賽亞」，而與梵文中的 Krista 或 Krishna 是同一個字！本書將 Krishna 譯為「奎師那」，其意是「最有吸引力的人」。所以，追溯到最古老的梵文後，我們找到了一個能詳實描述「神」的名字——奎師那！

事實上，「耶穌基督」、Jesus Christ、Ishvara Krishna 指的是同一個人！註32

唸誦或唱頌「奎師那」所發出的梵音，會連結至高的靈性能量；人可突破物質限制，與至高靈性能量產生「共振」。這樣的「梵語音振」精微地調整「意識狀態」，使人回復「真我意識」！如此，「假我意識」便藉著這樣的微調而得到「淨化」，能對一個人的意識產生這種明確的往上提昇力量的，是神的聖名組成的「哈瑞．奎師那．瑪哈．曼陀」！

★超越一切的奎師那

根據《薄伽梵歌》，絕對真理的最高層面即為「神」，祂是至尊主，是有人格性的，是至尊人，祂名為奎師那——至尊主兩臂人形、頭戴孔雀羽毛、手持橫笛、膚色若藍黑雨雲的美麗形象。

奎師那創造了時間

奎師那說：「我是時間，是世界的毀滅者。我來這裡是要毀滅所有人。」（11.32）

物質主義者以經濟發展為名製造了許多東西，他們以為這些東西可以完全滿足人類的需求和欲望；只要不斷去滿足，就會快樂。但是，他們不知道這些人為製造出來的東西，不是真正的生存所需，完全不必要，而且，必然會被「時間」帶走！

在時間的影響之下，人類不斷繁衍，也不斷走向殘酷的死亡，即使是死神自己也必死無疑。死神、梵天等神眾雖然活得長久，但也是會死亡。基本上，物質世界不是能永永遠遠住下去的地方。

因為時間聽命於奎師那，所以要掙脫時間的強力循環，一定要托庇於奎師那！

「奎師那控制物質能量和靈性能量，祂也創造了整個宇宙。此外，祂創造了「時間」以便讓眾生和物質能量得以在時間的範圍內活動。然而，奎師那超然於時間之上，祂也不受物質能量制約。」（7.1.11）

「時間是至尊主『非人格性』的特質。」（3.10.12）

「我親愛的主啊，祢的絕對權威無法直接被體驗，但是只要看看這世間的活動，萬事萬物都

在時間的進程中毀滅，不難想見祢的絕對權威。」（4.24.65）

「至尊主藉著祂不可思議的無上能量——時間，來促成物質三重屬性的交互作用，並因而產生各種能量。事情看起來似乎是祂做的，但祂又不是行動者；好像是祂毀滅的，但祂又不是毀滅者。因此據了解，萬事萬物的發生繫於祂不可思議的力量。」（4.11.18）

「由五大元素所構成的物質軀體，受到永恆時間、行動、物質三重屬性的控制。已在大蛇嘴邊的人，又怎能保護得了其他人呢？」（1.13.46）

「永恆的時間無始無終。時間是至尊主的代表，也是犯人世界的建造者。時間會結束物質世界，也會將一個個生命體釋放出來，繼續創造的活動。同樣地，時間會毀滅全宇宙，連死神閻羅王也躲不過。」（3.29.45）

奎師那是心中的超靈

奎師那親口證實祂就是「超靈」。

我是人人心中的超靈。……（7.21）

你要知道，我也是所有物質軀體的知場者。（13.3）

認為「我即是一切、我位於眾生的心中」，如此崇拜我的瑜伽行者就存在於我之中，不論他的崇拜形式為何。（6.31）

超靈超越物質能量、業報法則、生死輪迴。

若有人認識了超靈、物質能量、靈體和物質三重屬性，即使他遭遇惡劣的情況，也不會再投生。有些人修練奉愛瑜伽，在冥想中見到超靈；然而，修練知識瑜伽、入定瑜伽、無欲行動瑜伽的人，必須有奉愛瑜伽的靈性知識才能夠覺悟到超靈。還有些人雖然自己不了解四大瑜伽之道，卻從別人那兒聽到關於超靈的事，並開始崇拜祂。只因他們專心聆聽，便超越死亡。(13.24-26)

在一切會毀壞的物質軀體中看到永恆不滅的超靈，這樣的人看見真理。能看到超靈平等地無處不在，靈體就不會因心念偏離而墮落，而且他會到達至尊的目標。(13.28-29)

奎師那超越一切物質能量

《薄伽梵歌》已揭示：

這世上最為強大的力量——時間，是奎師那的展示！

這個物質世界的創造、維繫、毀滅，是奎師那在控制！

物質三重屬性、業報法則、生老病死、生死輪迴都是物質能量，都聽命於奎師那！

如果你不直接主動聯繫「真實友好」的奎師那，就無可避免地要接受物質能量（瑪亞女神）無情冷血的管轄。

奎師那說祂的瑪亞幻象是由物質三重屬性所構成的，適合眾生享受取樂，卻也難以超越！但是，奎師那本人超越物質三重屬性，所以，「你」——任何一個靈性個體，都可藉著與奎師那連結，跨越瑪亞。

正確的態度是「臣服於奎師那」！

「在死亡之際，在靈魂離開軀體時記著我，他就到達我的境界，這點無庸置疑。……因此，永遠記著我，作戰吧，拋掉疑惑，把智力和心念奉獻給我，你將會得到我。」（8.5&7）

奎師那說得到祂的人，永遠不再投生於這個苦難又短暫的物質世界。（8.15）《薄伽梵歌》的最重要教導是，藉著「超然的奉愛服務」，回復到「靈體與奎師那」保持連結的原初狀態，即可超越時間、物質三重屬性、業報、生死輪迴加諸於你的重重捆綁！

奎師那的靈性世界

「解脫」是脫離物質能量，解脫後不是沉寂的空。不能因暫時看不到靈性世界，就說沒有靈性世界，或說靈性世界裡什麼都沒有，連形象都沒有。不是的！

奎師那說：「比梵天的黑夜那不展示的狀態更高的，是另一種不展示的狀態。祂是永恆的，當萬物毀滅時，祂不毀滅。這永恆且不展示的境界被稱為「至尊目標」。到達那永恆的地方後，他們不再回來。普麗塔之子啊，眾生存在於我之中，我無處不在。只有純粹的奉愛服務才能得到我。……明白這些的瑜伽行者，超越了研究韋達經典，也超越了做祭祀、苦行和佈施所能得到的功德善報。他會到達永恆的靈性世界。」（8.20-22,28）

「我那至高無上的居所不靠日月，也不靠火電照明。到達那裡的人，不再回到這個物質世界。」（15.6）

整個創造中可概分為靈性世界和物質世界兩部分，比例約為三比一。靈性世界的至高點是奎師那的永恆居所「哥珞卡．溫達文」（Goloka Vrindavana）。其他不同星系，則由奎師那的其他擴展和化身管轄。

據說，靈性世界的外形像一朵盛開的千瓣蓮花。那裡不需工作，沒有憂慮，也沒有生老病死。因為她自為發光體，那如金絲萬縷的光芒從花瓣間透析而出，綿延無盡，匯集成一片光海，其中有無窮的完美、光明、清淨、自在。

靈性世界的結構組織複雜嚴密，其實，靈性世界正是物質世界的原型，或者說物質世界是靈性世界的「倒影」。（15.1）正如真樹的倒影落在水上，靈性世界的倒影落在「欲望」之上。因為忘記奎師那，所以「純粹的愛」受污染成為「自私欲望」，「真實」的靈性世界便反射出「虛幻」

的物質世界。

因「自私欲望」而掉到物質世界的眾生，只能藉著純粹的奉愛服務淨化自己後，重新獲得「對奎師那純粹的愛」（Krishna prema），才能回到靈性世界。

奎師那是至尊享受者

因為奎師那是終極的控制者、擁有者、享受者，所以祂被稱為「普茹沙」——大享受者。祂擁有無窮無盡的能量，供祂享受。

你是奎師那的微小部分，雖然也有「想要控制、擁有、享受」這樣的傾向，但你只是小享受者。小享受者必須藉著服務大享受者，才能得到完整又完美的享受。

說白了，至尊主和我們一樣都是人，只不過祂是大人，我們是小人。祂永遠是大到不能再大的大人，而你，是小到不能再小的小人兒。就這麼點差別！（卻也是天高地遠的差別。）

你是奎師那的高等能量，但也是「邊緣能量」（可選擇靈性世界或物質世界），你有完全的自由意志可以決定自己想做什麼，要待在哪裡。你可以選擇留在靈性世界，陪伴著奎師那。雖然祂掌控、享受一切，但只要你的心是向著祂的，那麼祂所享有的一切，你也享受得到。

即使身處於物質世界，只要你願意與祂重新連結，你也能品嚐到靈性的真實滋味，最棒的享受！

Facts

想當至尊主嗎？

一旦人有了「我要自己享受」，或「我要去別處當至尊的享受者」這樣的妄想時，他的願望就把他帶到物質世界，讓他滿足「獨自享受」、「控制別人」的願望，生生世世的痛苦於是開始。

生命體的本質是永遠快樂的，但在短暫的物質世界裡的他，品嚐著來來去去的苦樂，卻永遠得不到真正的滿足。不自量力的生命體（靈性個體）想要成為至尊主的願望，永遠不會實現，因為他本來就不是至尊主，也永遠不可能成為至尊主。

奎師那的個性

幸運的靈魂擁有神性品質，他們全心全意崇拜我的至尊人格（奎師那），他們明白我這形象是一切事物的本源，是不朽的，是全然靈性的。(9.13)

1. 奎師那喜歡有同遊相伴。聖帕布帕德說奎師那喜歡和奉獻者在一起，奎師那從來不會孤單一人，祂的奉獻者總是圍繞著祂。神怎會孤伶伶一個人？以前讀希臘神話，書中說「天堂還不如人間有趣」，如今想來，那是缺乏靈性知識者的奇想罷了。

2. 奎師那不喜歡居功，祂比較喜歡創造出一些情境，讓祂的奉獻者受人榮耀。譬如說奎師那身為皇族繼承人，卻會為了榮耀祂的奉獻者阿爾諸納，而從事為他駕御戰車這種低階的工作。

3.奎師那尊重每一個生命體的自由意志和獨立性。祂從不過問、也不干涉你的生活，除非你主動邀請祂參與你的生命。

4.奎師那平等對待一切眾生。祂說：「我平等看待眾生，既不厭憎任何人，也不偏袒任何人。以多少奉愛之情崇拜我，我也會如此地眷戀他。」(9.29)

5.奎師那解決問題的辦法往往出人意表，不可思議，讓人怎麼也猜不透。但是，祂總是做得很圓滿，會達成每一個人的願望。

6.奎師那是「絕對真理」，所以祂的詛咒等同於祂的祝福；被祂殺死的惡魔也得到解脫。所以，只有與祂聯繫，人才能脫離相對性，獲得絕對的幸福快樂。[註33]

第十七章 人生的長久之計

人生由行動構成。請想一想：你的人生是建立在什麼樣的「行動原則」之上？瞬息萬變的全球金融、政治、社會環境是你的原則嗎？這些大環境的本質就是「變動」，你據此所追求的「工作、財富、家人、享受、權勢、地位」會穩固嗎？如果你的生活重心就是這些而已，那麼「不安」是必然的，「痛苦」也是必然的。

就好比說現在失業問題嚴重，然而，解決的辦法是「政府部門釋出更多的工作」嗎？這也許能解燃眉之急，或是讓數據好看些。又好比說經濟活動萎縮，然而，解決的辦法是「鼓勵消費」嗎？

應該要繼續問：「什麼是長久之計？」

根據《薄伽梵歌》，「長久之計」是「善性生活」（參見本書第十二章）和「履行賦定職責」。因此，也不需要自己挖空心思，到處碰運氣，賺容易的錢，過安逸享樂的生活。

★賦定職責——人的基本責任

本書第六章講社會四階層時，即已提出各階層應盡的「賦定職責」。

想要提昇意識的人除了認同靈性個體之外，也要瞭解物質軀體的屬性傾向，並依照所屬階層的賦定職責行事，並藉此脫離低等動物「吃、睡、防衛、交配」的行動模式。（1.9.26 要旨）

在古印度的韋達文獻中記載著各類的賦定職責，其目的在於引導每一個人在一生中都從事正確行動。賦定職責並不是由平凡的你我想出來的，而是遠古聖賢傳承而來的。

物質軀體的天性來自於過去生生世世的行動總和，這些結果會顯現為你天生具有的某些才能和傾向。這種天生的才能和傾向，是由物質三重屬性的不同比例組合而成，而且人人都有自己獨特的一個比例組合。這些組合符合某種類型的職責。換言之，有些人會喜歡知性的活動，有些人則傾向於控制管理，還有些人會自然地從事農作、商業或僕役勞動。根據物質軀體的屬性，人人都有自己隸屬的社會階層；每一個社會階層的人都有他的賦定職責，也就是他應該從事的行動內容。

所以，人生的意義不在於享受，而是在於「盡責任」。

實踐你的「賦定職責」，即便做錯了，即便有缺憾，都不該放棄。因為，你該得的利益還是你的，而且更重要的是：你不會因此而受業報束縛。

「要履行自己的職責，因為即使做錯了，也勝過履行別人的職責。就算在履行自己的職責時

死去，利益仍在。履行他人的職責，充滿危險。」(3.35)

「即使沒能做好自己的職責，也勝過做好別人的職責。依照自己的屬性從事行動，就不受業報束縛。坤媞之子啊，即使行動有缺憾，還是不能放棄。一切行動都有缺憾，猶如火燄必被煙霧遮蓋。」(18.47-48)

就算「已解脫」，可不受賦定職責規範；但是奎師那也說：在上位的人必須為樹立典範而履行職責。(3.20)

連至尊主也在履行職責！奎師那說：「要是我不時時刻刻地專心工作，人們也會有樣學樣。要是我不行動，人類就會毀滅。」(3.23-24)

為何無法履行職責？

五千年前的那場世界大戰即將開打時，阿爾諸納要求奎師那將戰車駕到兩軍之間。原本鬥志激昂的他在看到敵軍中的祖父、老師、堂兄弟「難敵」等，以及雙方陣營中的至親好友之後，慈悲心征服了他。於是，他心情沮喪、思緒紛亂、四肢無力、口乾舌燥、全身顫抖、毛髮直豎，甚至於連手中的弓也握不住。身經百戰，戰無不克的阿爾諸納，竟然頹廢地癱坐下來。

阿爾諸納怎會不知道履行「賦定職責」的重要性？然而，該做事的時候，竟然就是做不了，這到底是為了什麼？

在《薄伽梵歌》第一章的後半部和第二章的一開始（1.26-2.8），阿爾諸納詳述了他不願作戰的五大理由：

（一）慈悲心。

一想到要與親戚朋友對決廝殺，阿爾諸納不忍心。因為這場戰爭將使得雙方陣營的許多人失去生命，所以他不想行動。

（二）不會快樂。

阿爾諸納認為就算自己狠心殺死祖父、老師及眾親友，即使將來能統治地球或三個世界，他都不可能快樂得起來。因為若無師長親朋來分享，他的勝利與榮耀又有何用？

（三）殺人是罪行，會招來惡報。

阿爾諸納認為即使對方貪心，為達目的不惜殺人，但是，我們不用和他們一般見識。

（四）帶來地獄般的生活。

戰爭導致家族中的父兄戰死，家族失去支柱後破碎，所以永恆的宗教傳統也會崩解，「非宗教行為」將大行其道。風氣一旦敗壞，女性便會受污染而失去貞潔的力量，因而生出「要不得的孩子」。這樣的後代子孫越來越多之後，整個社會秩序大亂，家族傳統蕩然無存，大家都過著地獄般的生活。（就是我們現在這樣子啦。）祖先也會因為得不到食物和水的供奉而墜落受苦。

（五）猶豫不決。

阿爾諸納坦言：「我真不知道該走哪一條路好——去征服他們，或是被他們所征服？」他承認自己的軟弱無能，也不知道自己的賦定職責該怎麼辦。

事實上，阿爾諸納不願履行戰士的賦定職責的理由，也正是一般人「無法行動」的原因。也就是說，不採取正確行動，那是因為：

「對方很可憐」。

「做了我也不會快樂」。

「是罪行，會有惡報」。

「會讓更多人痛苦」。

「自己猶豫、疑惑，所以乾脆不做」。

若只是小事，也就罷了。問題是：阿爾諸納的事不小，這是「達爾瑪」（dharma）——賦定職責！是人生在世能否實現願望、心想事成、提昇意識和生命品質的重要大事！

★人生的「永久」之計

雖然，阿爾諸納暫時被悲傷沮喪擊倒，無法正確行動。不過，他做了一件最正確的事。他對奎師那說：「從現在開始，我是祢的學生。我願歸依、臣服於祢，懇請祢指導我。」（2.7）

這是正確的學習心態！沒有歸依於一位值得的信賴的權威，並「全心接受」他的教導，學習不可能會完整。確立了「導師──學生」的關係後，教導與學習才會成為有意義的實際行動，學習才能帶來成效。

所以，奎師那在《薄伽梵歌》的第二章中，便針對上述理由，加以分析駁斥。此外，祂講述了靈性知識和更為高階的行動原則（超然行動）；讓人真正瞭解「自己」，也能讓人生真正全面兼顧「身心靈」。

超然行動的原則

面對因悲傷而感官枯竭的阿爾諸納，奎師那微笑著向分析為什麼這些理由是不充分、不理想的。這部分的內容構成了《薄伽梵歌》第二章的絕大部分，而第一個重點是「認識你自己」──身心靈的全人觀！

（一）作戰吧！真正的自己是靈性個體，而靈體永不受傷，也不會死去。（2.11-30）

阿爾諸納所謂的慈悲源自於「假我意識」，是短暫不真實的。真正的你是「靈性個體」，真正的慈悲應該是喚醒自己和別人的「真我意識」；否則，只救起溺水者的外衣，又有何用？

即使你不認為有靈體的存在，或者你認為靈體也會死去，那也沒什麼好難過的。反正，有生就有死，有死就有生。既然兩者都無法避免，那又有什麼好傷心難過的呢？

Facts

被誤用的慈悲心

慈悲心、同情心人皆有之，但是被用來當做「工具」，由來已久。「鱷魚的眼淚」、政客的眼淚、新聞主播的眼淚……「富人」行乞、貧戶住豪宅等等。我們應該警覺到：「慈悲心」不應做為行動的唯一指標。應該理性思考，找出事情的原因與真相，才去行動。

乍聽之下，也許讀者會覺得奇怪，以為我「無血、無眼淚」。仔細想想，物質上的捐助可解決饑渴，讓可憐人活下去。然後呢？這些人自己選擇要戴上「可憐」的面貌活著，但是你呢？難道你要放棄自己的智力，隨此等人起舞，甚至於在他的操弄下，滿足他的心願，幫助他用「激發旁人慈悲心」的行動繼續活下去？

聖帕布帕德說這種救濟只能救一個人的物質軀體；就好比辛苦地拯救溺水者，卻只有撈起他的外衣一般，真正的他（靈性個體）卻還在水中，還在呼救！

最好的救濟是「給予靈性知識」，教他從事超然行動——永恆的「祭祀、佈施、苦行」！

（二）作戰吧！履行賦定職責，便能得到物質上的幸福快樂。(2.31-37)

就算你認為靈體不存在，只認同物質軀體，但只要你善盡身為戰士的職責，為保護你治下的人民去殺敵，你就會快樂。換言之，幸福快樂不是你去找就有，這世間的幸福快樂會降臨在

善盡職責的人身上！如果參戰，就算戰死沙場，善盡職責的戰士必榮登天堂；若能凱旋而歸，就可享受王國。（2.37）

「你要考慮到自己的職責，不要害怕。對戰士而言，再也沒有比為了正當的理由而戰更好的了。身為戰士的快樂是把握不請自來的機會去作戰，而這也開啟了通往天堂的大門。如果你不參與這場正義之戰，放棄自己的職責與名聲，這反而導致罪惡。人們會不斷地談論你的醜名。對一個出身尊貴、地位崇高的人而言，不名譽比死去更糟糕。曾經尊敬你的偉大戰士會看不起你，他們會認為你是出於恐懼才放棄戰鬥。人們會說著許多不堪入耳的話，批評你的能力。還有什麼比這個更令人痛心？如果戰死沙場，你將榮登天堂。要是贏得勝利，就能統治世界。」（2.31-37）

因此，善盡自己的賦定職責便已確保有善報、有物質享受和幸福快樂。

（三）作戰吧！履行賦定職責，卻不欲求成果，可讓你免除惡報。（2.38-53）

阿爾諸納原先擔心殺人會有惡報，但奎師那說該做的事卻因為錯誤的理由而不做，才是罪行，才會有惡報！

「作戰的時候，若能以平等心來看待悲喜、得失、勝敗，你就不會招來任何罪惡。」（2.38）

（四）鐵器年代的趨勢

阿爾諸納所說的第四項理由：「家庭破碎—非宗教行為盛行—要不得的子孫—地獄般的生活」，合乎邏輯，後來也的確發生了。

然而，我們要看清楚：導致家庭和社會的動盪不安，帶來惡報及地獄般生活的是「非宗教行為」，而非履行「賦定職責」。

鐵器年代的降臨、「非宗教行為」的盛行、人類整體的墮落，這不是區區你我能造成的，是無人能敵的「時間」的強力作用所致。這就是此刻的我們過著痛苦生活的根本原因。

然而，現在一般人都不想遵守宗教原則（仁慈、潔淨、苦行、真實），對「宗教」一詞也很敏感，而且負面的意涵居多。殊不知，若不接受正信的宗教傳統，人的行為便會因無所依循，而成為「非宗教行為」——吃肉、喝酒、亂性、賭博，隨心所欲、無惡不作，墮落至動物般的意識狀態了！

（五）作戰吧！要培養奎師那知覺，回復真我意識。（2.54-72）

奎師那指出，《韋達經典》提及的種種福報仍在三重屬性的控制之中；而且，執著於福報會削弱從事奉愛服務的決心。但只要不執著地去從事奉愛服務，你就不會被《韋達經典》那些福報誘惑，你會超越它們。甚至，也會擺脫重重惡報的鎖鏈，而真正超越物質能量、生死輪迴，最後回到靈性世界。

阿爾諸納問：「做奉愛服務的人（奉獻者）有何特徵？」

奎師那說純粹奉獻者的身心和言語都是超然的，他專注於冥想奎師那，所以有平等心、不執著，所有物質欲望自然消褪。

這是因為他培養「奎師那知覺」——奉愛服務；藉著服務奎師那，能滿足感官，淨化心念，讓他回復「真我意識」。然而，冥想著外在的感官對象會讓人無法控制自己的感官心念，智力也無從發揮，意識因而往下沉淪。（2.62-63）

因此，遵守規範原則來控制感官心念，並從事超然的奉愛服務，能夠回復「真我意識」，便可將智力鍛鍊成有「穩定力量」的靈性智慧！如此的智慧才有力量擊退「懷疑」，戰勝「猶豫不決」，並妥善管理心念感官，物質軀體才能真正從事有意義、有價值的行動！

Facts

重點在於「行動原則」，而非戰爭

有些人只是約略知道《薄伽梵歌》的情節，便信口開河地說奎師那不對，因為祂「主張暴力、戰爭」。

這是極大的誤會！

首先，我們要瞭解「戰爭」的確是古代兩國之間解決紛爭的一種正當方式。這場大戰之前，潘度五子甚至已退讓到只要給他們五個小村子統治就好，但是對方就是容不下他們，堅決要戰，所以最後只能一戰定江山。

再者，當時的戰爭是約定在某一特定的戰場上，而不是有人居住的城鎮、村落，不會傷及無辜的百姓或破壞屋舍、農作物。雙方軍隊由志願參與的戰士所組成。這些戰士平日裏練就一身武功，若參與戰事獲勝，便能享受快樂，若不幸戰死，也能晉升天堂。這是戰士的生死學。

後來的戰爭演變為種種殺燒擄掠的勾當，是人類社會不斷墮落後的產物，雖然這是現代的我們較為熟悉的戰爭場面。

然而，要記得：「戰爭」只不過是一個引子，奎師那真正要你學習的是：如何判斷對你的身心靈全面有利的「行動原則」！

★永恆的信仰

奎師那說：「放下一切宗教，只向我歸依、臣服。我會把你從所有罪惡中拯救出來。不要害怕。」(18.66)

因為宇宙有主人——神，神有名字——奎師那；所以，「服務奎師那」，便是人人永恆的職責，是最高的行動原則，也是「永久之計」。

凡事均以此最高原則去行動，即使一時失意，但長遠來看是成功的；凡事不以此最高原則去行動，即使暫時得意，但長遠來看是毫無價值的！

「永恆的信仰」便是為奎師那服務的超然行動——以奎師那為崇拜對象，去從事超然的「祭祀、佈施、苦行」。這便是與至高的源頭連結，使靈性個體獲得身心靈全面的、有力的提昇！

第十八章　真正的瑜伽之道

四種虔誠的人之中，追求真理的人始終思念著我，為我做奉愛服務，他是最傑出的。我珍愛如此的知識瑜伽行者，他也珍愛我。(7.17)

意識源於靈性元素中的「全知」(chit)，是靈體存在於身體內的表徵。要喚醒「真我意識」，便需培養「奎師那知覺」，這是突破物質能量強力循環的唯一有效方法！也是《薄伽梵歌》的結論。

知覺與「思考和感覺」有關；如果不去知覺靈性的源頭「奎師那」，我們無可避免地要知覺物質能量，並受其擺布。

「奎師那知覺」是用你的心念感官去思考、感覺「奎師那」的種種：名字、形象、品質、逍遙時光……；如此一來，在日常生活中便可處處看見「奎師那」對你的心意！唯有回復到與奎師那連結的原初狀態，你才能回復真我意識，才能為自己身心靈全面的利益去願望、行動。

意識的提昇、靈性的追求，不能用世俗的標準來看待，不能說較多人選擇的就是最好、最安全的。事實上，在靈性上來說，恰恰相反，特別是在最墮落的卡利年代。因為能看到真相的，通常只有少數人。

★奎師那知覺三部曲

我們都已進入物質能量，接受了某個物質軀體，這種「假我意識」讓人誤以為物質軀體是自己，然後在物質化的「思考、感覺、願望」下不斷行動，不斷地更換物質軀體。

要突破物質能量，便要與靈性能量連結，方法是：用現有的感官心念，從事與「奎師那」有關的「思考、感覺、願望」，並以這樣的「奎師那知覺」去行動。

行動組成人生。正確行動和錯誤行動會把你捆綁在物質世界；想要移民靈性世界的人，必須認識靈性世界的主人——奎師那，並開始培養奎師那知覺，從事「奉愛服務」這超然行動。

（一）認同靈體

「行動之時，心念棄絕行動、控制住感官，這樣的人舒適地住在有九座城門的身體裡，他知道自己什麼都沒做，也不促成別人去行動。」（5.13）

要培養「奎師那知覺」的第一步是，確認真正的自己是「靈性個體」，是「永恆、全知、極樂」的；身、心只是外在的，短暫的覆蓋。

「靈體」無法以肉眼看到，「意識」一詞在各種學科中也無定論。你若只相信現代人以有瑕疵的感官心念去猜測出來的「理論」，那肯定是得不到完美的結論的。

應該回歸到《薄伽梵歌》上。經典中所說的 atma 是靈體，cetana 是意識（生命力）；經典也證實「真正的你」（靈體）永遠都在「思考、感覺、願望」——知覺！所以，既已受困於物質軀體，就以這短暫之軀來「思考奎師那、感覺奎師那、許下與奎師那有關的願望」吧！

否則，光靠自己的意志力，如何在強大的時間、三重屬性、業報生死的循環力量下，在物質軀體之中回復「真我意識」？「真我意識」的喚醒需要精讀《薄伽梵歌》，也要在生活上不斷地印證。

所以，應該往上尋找靈性能量，而最強的靈性能量就是奎師那，祂也是一切靈體的源頭。認識奎師那，與祂連結（瑜伽），你才能找回真正的自己！

（二）接受奎師那為至尊主

「比行動瑜伽、知識瑜伽、入定瑜伽更為祕密的智慧，我已經告訴了你。你要徹底想清楚，然後做你想做的。因為你是我最親密的朋友，為了你的利益，我要向你說明白。請再聽我說那至高訓示，無上祕密（超越「梵」、「超靈」的知識）。以心念冥想我，以感官服務我，（以供品）崇拜我，向我致敬。你肯定會到達我這裡。我真心地向你保證，因為你是我親愛的朋

友。」（18.63-65）

培養奎師那知覺的第二步是：「確認並接受奎師那至尊的地位」！這需要好好研讀《薄伽梵歌》，並從事奉愛服務。這樣子對奎師那的信仰會發揮極大的力量，賜予你平靜、平安。

真正能有效提昇你意識狀態的是奎師那本人。你不能因為現在的「感官心念」會受物質污染就不要它們、否定它們，因為「思考、感覺、願望」永遠存在，知覺與意識也永遠存在！奎師那已在《薄伽梵歌》中證明祂超越「時間、物質三重屬性、業報法則」，感官心念專注於祂反而能洗淨物質污染，是恢復「真我意識」最好的方法。

受制於時間和物質能量的人事物，絕對無法助你提昇。雖然，可能有些人會迷惑你，讓你覺得「數學要好，一定要找這位名師；靈性要提昇，就一定得找那位大師……」。然而，你真的能信賴的只有：「超越時間和物質能量」的奎師那。

阿爾諸納說：「他們怎能不向祢致敬？神眾之主啊，祢是原初的創造者，比梵天還偉大。祢是不滅的梵，無限的人，宇宙的居所！祢超越物質世界，也超越因果。」（11.37）

（三）為奎師那做「奉愛服務」

培養「奎師那知覺」的具體方法是從事「奉愛服務」；其最高成就是得到「對奎師那的愛」（Krishna Prema）。

奎師那要我們愛祂、服務祂、臣服於祂！

有人誤以為這說明了奎師那也需要愛，所以祂不完整。殊不知，「奎師那永恆地完美又完整，即使有無數完美又完整的小單元自祂流衍而出，但祂仍然完美又完整。」註33

所以，並不是奎師那非得要你的愛和服務不可！祂在《薄伽梵歌》中如此教導，是因為這是你的「永恆職責」！是一切靈性個體的「原本地位」（svarupa）！

靈體有知覺，他總是在「思考、感覺、願望」；困於物質軀體中的靈體，受到「物質欲望」的污染，不斷地從事物質性的思考、感覺、願望，因而身陷輪迴苦海。懷著「假我意識」，雖然認不清誰是真正的主人，卻仍然忙碌地為暫時的主人——家人、妻兒、朋友、寵物、自己的心念感官等等做服務，取悅他們！

如果能深入瞭解奎師那，確立祂的絕對地位，也看到祂的確是「最愛你的人」，也是「最值得你去愛的人」；那麼，你便能藉著「奉愛服務」實際地知覺奎師那。而且，正是這份真實的覺知，你那已饑渴千萬年的「靈性真我」才能得到滋養和慰藉。

你無需壓抑感官心念好動的天性，也不用擔心負面的想法情緒；只要你繼續為奎師那做服務，祂便會淨化你。就用目前受污染的心念感官，去學習服務奎師那，這是超然行動的過程；而超然行動的目的也是服務奎師那。如此一來，你的「奎師那知覺」會越來越純粹，你會獲得這世間最罕有的「愛」——對奎師那的愛。這樣的知覺、思考、感覺、願望、行動是「你」（靈性個體）最高、最完美的意識狀態！

★四大瑜伽之道

要與神連接，光是「信」並不夠；關鍵是：行動！

感受神恩而滿臉淚水，從半身不遂變成起立行走，……神可以行奇蹟，然而，有誠意的人要如何繼續在生活的各個方面與神連結？

瑜伽的意思是「連結」；「瑜伽生活」就是讓你的「身心靈」與「奎師那連結」的行動方法。奎師那在《薄伽梵歌》中教導世人四種瑜伽體系，讓所有人透過這四種路徑與祂連結。四大瑜伽之道是「行動瑜伽、知識瑜伽、入定瑜伽、奉愛瑜伽」。

行動瑜伽

奎師那告訴阿爾諸納說：「你應該做好你的工作。」（聖帕布帕德稱之為賦定職責）結果，大多數人都認為《薄伽梵歌》就是在教你做好自己的工作。可是，真正的重點卻被漏掉了。

因為奎師那接著又說：「但是你不應該去享受工作後的成果。」這才是重點！這樣的行動原則才能提昇我們。

「你有義務執行你的賦定職責，卻沒有權利享受工作的成果。不要為了成果而工作，也不可以不工作，或胡作非為。」(2.47)

其實，「為求享樂而履行職責」，這叫做「業報活動」(karma kanda)。真正的「行動瑜伽」(karma yoga)是「履行職責而不求成果」；如此的行動會淨化我們，讓我們得到「知識」。

知識瑜伽

「知識瑜伽」(jnana yoga)要了解的內容包括物質世界、物質能量、三重屬性、靈性個體、超靈等，其目標是解脫，覺悟到「梵」。

入定瑜伽

奎師那說：「我的看法是入定瑜伽行者勝過苦行者，也勝過知識瑜伽行者和行動瑜伽行者。因此，阿爾諸納啊，練入定瑜伽吧。(6.46)

「但是，滿懷信心地歸依我、崇拜我的人（奉愛瑜伽行者），他是所有瑜伽行者中最偉大的。」（6.47）

《薄伽梵歌》中所介紹的「入定瑜伽」（dhyana yoga），即為後人帕坦佳里的《瑜伽經》中，所主張的「八部功法」——持戒、精進、體位法、呼吸法、收攝感官、專注、冥想、三摩地（定）。

西方許多瑜伽中心的師資培訓只讀《薄伽梵歌》的第六章，非常可惜。而且斷章取義，只看到第四十六節詩便以為「入定瑜伽」高於其他；卻不知第四十七節詩緊接著說的是：滿懷信心崇拜奎師那的「奉愛瑜伽」行者才是最偉大的！

其實，練體位法的目的只是要讓你有能力長時間地坐好，以便冥想、入定。但是，冥想時若無確切的至高目標，只是在浪費時間而已。

入定瑜伽也稱為八部瑜伽、八支功法、勝王瑜伽，重點在於控制心念。只可惜，今人只重外表，不確實研讀瑜伽經典，甚至連入定瑜伽所要覺悟的對象——「超靈」都不認識！只以「體位法」為主要修練項目，甚至走偏了，一味地操弄、展示身體，或者以塑身減肥為廣告噱頭！這些作為都和八部瑜伽的修練背道而馳，今人卻趨之若鶩，這是很可悲的事。

光練體位法，卻不認識奎師那——瑜伽的主人，那便無異於其他鬆身拉筋的運動，只能鍛鍊身心，卻無益於靈性！像是入了寶山的人，只拿了好看的石頭，對真正的寶玉（Krishna）卻視而不見，非常可惜。

蘇塔．勾斯瓦米說：「想要藉著不斷修練瑜伽來獲得解脫，而不聆聽《薄伽梵歌》的智慧，是該被取笑的——連小孩也可以取笑他。」註35

值得注意的是，活在銅器年代末期且才德兼備的阿爾諸納卻認為，「控制心念」比「控制風（呼吸）還難」！更不用說現代墮落的我們了！你想試試看嗎？

奎師那說：「達成穩定冥想的瑜伽行者總是專注心念於三摩地，獨居僻靜之處，控制身心，沒有物欲和佔有欲。他在潔淨之處，依序鋪上枯夏草、鹿皮和綿布來安置穩固的座位，座位既不太高也不太低。他安坐於此座上，控制心念和感官的活動，將心念集中於一點；他修練瑜伽，以便淨化意識狀態。他將頭、頸和軀幹保持一直線，不動且穩固，凝視鼻尖，不看其他地方。他心念平靜，沒有恐懼，獨身禁欲，收攝心念。他安坐並冥想著我，透過奉獻和愛心與我連結。他的心念不在感官對象，而是在不間斷地專注冥想；因其意識狀態中已無感官對象，所以他能解開物質綑綁，並達到解脫和融入非人格梵光的境界。」（6.10-15）

奉愛瑜伽

奎師那說：「因為你沒有嫉妒心，所以我要告訴你最機密的知識——奉愛瑜伽，以及覺悟到我（至尊主）的方法，了解這些後你將遠離一切苦難。奉愛瑜伽是知識之王，是最機密的知識，是一切法門當中淨化力最強者，是直接的覺悟，最高的宗教原則，容易實踐，永恆不變。」(9.1-2)

「奉愛瑜伽」(bhakti yoga) 是四大瑜伽之道中最崇高的，卻也是最為簡單易行，成效又最具體的。奉愛瑜伽的修練不同於一般的體位法只練身體，而是全面地修練身心靈。

「一個巨大水源可以滿足所有不同水井的功能；同樣的道理，認識並崇拜唯一至尊主的人，可以獲得韋達經典中所有不同種類崇拜的利益。」(2.46)

當我們知道「奎師那」是唯一值得崇拜的對象時，就要練習與奎師那連結（yoga）最好的方法——奉愛服務（bhakti），並落實於日常生活中。做奉愛服務的人，就是「奉愛瑜伽行者」，也稱為「奉獻者」(bhakta)。

「奉愛」意即「把我們所有的感官、心念都用來為奎師那做服務」[註36]。如此培養「奎師那知覺」，可全面提昇人的意識狀態，清除物質能量的捆綁。奉愛服務是超然行動，沒有業報！

「幸運的靈魂擁有神性品質，他們全心全意崇拜我的至尊人格（奎師那），他們明白我這形象是一切事物的本源，是不朽的，是全然靈性的。他們始終以奉愛之心崇拜我，為我做奉愛服

務：歌頌我的逍遙，遵守靈修規範，渴望與我為伴，旅行以得聯誼，向我獻上敬意，以及其他種種。(9.13-14)

「坤媞之子啊，無論你做什麼、吃什麼、供奉什麼、布施什麼，作何苦行，都把它供奉給我。」(9.27)

「因此，永遠記著我，作戰吧。拋掉疑惑，把智力和心念奉獻給我，你將會得到我。」(8.7)

「心念集中於我，成為我的奉獻者，崇拜我，向我致敬，身心全然專注於我，向我臣服，你將來到我這裡。」(9.34)

不管你做什麼事情(當然是指「正確行動」)，都應該獻給奎師那。用你的身體、智力為奎師那服務，用你的心「思念」(冥想)奎師那。永遠都要記得祂，永遠不要忘記祂！工作時，甚至「作戰」時，都要思念著奎師那！

★超越生死的奉愛瑜伽

修練奉愛瑜伽的特別好處有三：

（一）成就不失

「練奉愛瑜伽的過程中，若是還沒完成而中斷，既不會有任何損失，也不會招來惡報。……」（2.40）

物質事物上，事情做了一半就放棄，前面的努力就白費了。而即使你完美地履行了賦定職責，卻不認識奎師那，也算是徒勞無功（1.5.17）。但奉愛瑜伽的修練過程中，即使只做了一點點，就離開或死亡，來生仍可從中斷處繼續下去。

（二）免於生死的恐懼

「奉愛瑜伽……即使只實踐一些，也能免於生死的恐懼。」（2.40）

雖然只做過一點點奉愛服務，但只要你的心是誠懇的，奎師那會記住你，甚至會感恩你，讓你下輩子能投胎做人，繼續未完成的修練。不用擔心變成動物或下地獄。而如果修練成功，就回到靈性世界，不再回到這個充滿痛苦、不斷生死的物質世界。

「一得到我，一達成最高的目標，那些偉大的靈魂就不再投生於這個短暫又苦難的世間（物質世界）。」（8.15）

（三）無入而不自得

奉愛瑜伽的修練即已達到解脫（mukti），因為服務奎師那（bhakti）這種行動的本質不受物質三重屬性所影響或捆綁。

「三重屬性造成物質軀體，一旦靈體能超越這個物質能量，他就免於生老死的痛苦，他得嘗甘露。」（14.20）

「修練奉愛瑜伽，為我做純粹的服務，這樣的人立刻超越三重屬性，並且得到梵。」（14.26）

希瓦說：「完全致力於為至尊主做奉愛服務的奉獻者，無論生命中遇到任何境況，從不擔心害怕。對他們而言，天堂、解脫、地獄都一樣，因為這樣的奉獻者只對奉愛服務有興趣！」（6.17.28）

從奉愛服務中，奉獻者品嚐到超然而甜美的滋味，天堂的享樂吸引不了他，地獄的慘況他也甘之如飴，解脫的喜樂也顯得微不足道！更不用說物質世界中的生老病死諸苦了，他完全不會受影響。

不管活著時遇到什麼情況，無論死後會去哪裡，奉獻者都接受——因為他已經和奎師那在一起了，別無所求。

Facts

「提昇意識」的行動階梯

1. 基本行動：維持或繁衍生命的行動有四項：「吃、睡、防衛、性行為」。
2. 賦定職責：每一個人受物質三重屬性影響而隸屬於某種社會階層，應善盡自己的職責。
3. 佈施、祭祀、苦行：比賦定職責更進一步，無論我們是屬於哪一種社會階層，或在人生的哪一個階段，都應該做這三件事，以強化信仰。
4. 善性的信仰：從事善性的祭祀、佈施、苦行，選擇善性的食物和崇拜對象，提昇到善性的生命狀態！有利於意識的提昇和瑜伽的修練。
5. 永恆真實（sat，薩特）的信仰：認識至尊主，並以祂為崇拜對象，去從事種種行動。如此超然於物質能量之上的信仰，能讓你回復「永恆、全知、極樂」的靈性本質。這是你可以直接去經驗、覺悟的活動，也就是培養「奎師那知覺」——奉愛服務。

★最重要的兩項奉愛服務

在奉愛服務之中，「唸誦、唱頌聖名」和「供奉天然素食」是最適合一般大眾的。「聖名和祭餘」是將物質轉化為靈性的點石成金之法，不但具有「永恆而真實」的價值，也總括了「祭祀、佈施、苦行」的至高要義，是能天天滋養我們身心靈的超然行動！

永恆而真實

「薩特」（永恆真實）指稱「梵」和「梵」的追尋者，所以在從事一切吉祥活動時都會用到這個字。（17.26）

「因為『薩特』是祭祀、苦行和佈施的目標，所以這些活動被稱為『薩特』。任何獻給絕對真理的活動也被稱為『薩特』。

帕爾塔之子啊，無論在祭祀的火中供奉了什麼，在佈施時給予了什麼，或做了什麼樣的苦行，如果在執行時，欠缺對至尊主、經典的信仰，那就是『阿薩特』不真實。不管今生或來世，這樣的活動都沒有價值。」（17.27-28）

如果不信仰至尊主，那麼，你生生世世做再多的祭祀、佈施、苦行，就算有快樂，但也伴隨著痛苦！唯有以奎師那為崇拜對象，去從事祭祀、佈施、苦行；我們的信仰、行動才會超越物質能量的強力循環，而具有永恆真實的價值！

超然的祭祀、佈施、苦行

「坤媞之子啊，無論你做什麼、吃什麼、供奉什麼、布施什麼，作何苦行，都把它供奉給我。你將免除善惡業報的捆綁。致力於放下成果，得到特別的解脫，你就能得到我，直接服侍我。」（9.27-28）

現今這個鐵器年代是不幸的，大多數的人只為生活便要忙碌終日；也沒有多餘的財富和正確的知識去舉行真正的祭祀。於是，經典中推薦最適合現代人的祭祀是「唱頌聖名」（sankirtana yajna），並且「供奉天然素食給奎師那」！親自為奎師那烹飪，並把這天然素食供奉給奎師那，它們便轉化為充滿靈性能量的「祭餘」（prasadam）。

與身旁的人們分享聖名、祭餘，他們便有機會接受至尊主無緣由的仁慈；這是最好的佈施和社會福利活動。

規律地、適當地「唸誦唱頌聖名」、「供奉天然素食」，也是約束感官心念的苦行；這兩項服務是最適合現代人的苦行——靈性的唱歌跳舞和享用大餐。

要淨化意識、提昇靈性最有力量的方法是：「聖名和祭餘」！

完美地控制感官心念

「心念」反映出靈體永遠都在做的「思想、感覺、願望」（thinking, feeling, willing），這是不能壓抑的！

當人覺知到一切問題都是「自己」造成的，那麼，他會想要「控制心念」。「不起心動念」或「放縱心念，無所不想，而自己只需旁觀」，這些都不切實際，也沒有具體的益處。

奎師那說：「停止飲食的人也不受感官對象的影響，但是要享受的欲望仍在。藉著練習瑜伽與我連接，看見超靈，那就連享樂的欲望也會消失。」(2.59)

專注地唸誦聖名，心念便能與奎師那連結，靈性喜樂會取代物質享樂的欲望。同樣地，強行壓制感官不追求享樂，欲望之河總有一天會潰堤而無法收拾，而放縱感官其實是在耗損身心。所以，藉著品嚐供奉給奎師那的祭餘，既滿足口腹之欲（也降低性衝動），而且沒有業報（3.13）！又能淨化身心、提昇意識！一舉數得。

唯有如此，才能完美地控制感官心念！而這樣的約束感官心念的苦行，真的不苦；相反地，是簡單易行，卻又充滿快樂的！

★唸誦、唱頌聖名——奉愛瑜伽的第一項修練

我是偉大聖賢中的布利古，單音字中的「歐姆」，祭祀中的唸誦聖名（佳帕，japa），不動者中的喜馬拉雅山。(10.25)

「聲音」是有能量的；來自靈性世界的「梵音」是很強的正向能量。

而梵音之中，能量最為強大的，就是一切物質與靈性的源頭——「奎師那」！

「哈瑞．奎師那．瑪哈．曼陀」更是經典推薦，最適合這個鐵器年代的「真言」，不僅最有淨化力量，也是這個墮落年代得到解脫的唯一方法[註37]：

哈瑞．奎師那．瑪哈．曼陀

哈瑞．奎師那．哈瑞．奎師那 奎師那．奎師那．哈瑞．哈瑞
哈瑞．茹阿瑪．哈瑞．茹阿瑪 茹阿瑪．茹阿瑪．哈瑞．哈瑞
Hare Krishna Hare Krishna Krishna Krishna Hare Hare
Hare Rama Hare Rama Rama Rama Hare Hare

「哈瑞」是至尊主的靈性能量。
「奎師那」的意思是：最有吸引力的人。
「茹阿瑪」的意思是：無上快樂的泉源。

「哈瑞．奎師那．瑪哈．曼陀」是藉著呼喊至尊主的聖名，用靈性聲音振盪的能量，與奎師那連結。

唱頌此曼陀是在召喚神和祂的至高靈性能量。我們都是靈性個體、靈性能量，不是物質軀

體；神的靈性能量就像是母親一般，會給予「受困靈魂」最大的保護。

因此，若你真的體會到人生是苦海，那就像個走失的小孩般哭喊吧！哭喊著「哈瑞」，讓靈性能量母親幫助我們找到至尊父親。專心致志地唸誦唱頌，你才能體會《薄伽梵歌》的真理祕密，奎師那才會在你心中揭示祂自己。（10.10）

唸誦與唱頌聖名也在修練感官中的「口」與「耳」。現代人的口常造惡業——亂說、亂吃；耳朵則無法正確聆聽，或者接收到的訊息幾乎都是在摧殘身心靈的！必須靜心凝神，「口」誦聖名，並從「耳朵」聽進你的「心內」！那麼，生生世世以來心鏡上的塵埃、污染，都將清洗得一乾二淨。

梵音唸誦（japa）

「佳帕」是個人利用唸珠和唸珠袋來唸誦聖名的冥想方式。平時唸珠都放在唸珠袋中以保持潔淨。要唸誦時，右手放入唸珠袋中，將第一顆唸珠放在右手中指的第二指節上，大姆指輕按其上，食指則從袋子前方的小洞穿出。唸誦「哈瑞．奎師那．瑪哈．曼陀」時，大姆指可輕輕轉動唸珠。唸完一遍後，拇指就移到下一顆唸珠上，直到完成一百零八顆，這樣便算一圈。

要清楚地唸，也要專注地聽，就能收攝感官心念，予以淨化提昇。姿勢以坐姿為宜。

梵音唱頌（kirtana）

梵音唱頌（kirtana），或齊頌聖名（sankirtana）是一群人同聲齊唱「哈瑞．奎師那．瑪哈．曼陀」。這是一種用「領唱、應唱」的方式所做的瑜伽冥想，多半會配合樂器或擊掌。時代雜誌及紐約時報都曾介紹這股風潮。

Kirtana 是追求「放鬆、平靜」的瑜伽練習中，最為簡單有效的！

當「領唱者」唱頌時，你要專注於聆聽和感受；等他唱完，換你「應唱」，你要覆頌剛剛所聽到的梵音和曲調。「唱頌聖名」就像搖滾演唱會一樣；然而，演唱會的觀眾只能參與極小的部分，但在「唱頌聖名」時，應唱者和領唱者一樣投入，共同創造靈性和諧的能量和心念。祂帶給眾人最大的快樂與新生的力量；讓你保持意識的清醒，卻又能體驗狂喜。

★供奉天然素食——奉愛瑜伽的第二項修練

奎師那說：「奉愛瑜伽是直接的覺悟。」（9.2）

祭餘的重要

供奉過奎師那的天然素食稱為「祭餘」（prasadam）。

祭餘原本的梵音是 naivedyam，但是許多奉獻者都已習慣講 prasadam（仁慈、恩典），mahaprasadam（偉大的恩典），甚至只講 maha。

祭餘的確可讓人直接品味至尊主和祂的靈性能量！吃過奎師那的祭餘的人都知道：祭餘不同於一般的素食，祂充滿靈性的能量。奎師那說：「接受至尊主的仁慈可摧毀所有不幸。」（2.65）所以，榮耀（品嚐）祭餘的人都會很開心，因為清除了惡報，不再背負重擔，自然覺得輕鬆。

供奉的內容

在物質世界中，一切事物都受制於三重屬性。想要在各方面有所改進的人，要想辦法提昇到「善性」，這最利於接近靈性能量。所以，每天的飲食，也要選擇「善性」的食物，如天然的穀類、蔬菜、水果、堅果、蜂蜜、牛奶及奶製品等，既營養又可口的食材。

然而，一般素食仍是物質元素；而且雖是程度較低的暴力，但也是殺生。如何能夠免於惡報，並轉化它，讓它充滿靈性能量呢？就交給「超越物質世界，也超越業報法則」的奎師那吧！（11.37）

奎師那說：「真正的奉獻者，身心純淨，以愛心供奉的一片葉、一朵花、水果或水，我都接受。……你將免除善惡業報的捆綁。致力於放下成果，得到特別的解脫，你就能得到我，直接服侍我。」（9.26,28）

奎師那在此不僅指出祂會接受的是天然素食，也強調供奉時應具備「愛心」。一切都屬於奎師那，祂什麼也不缺。祂怎會在乎我們能夠供奉給祂多少東西呢？祂要的只是你的「真心誠意」。父母親快樂地接受兒女給他們的生日禮物，是因為有愛，不是禮物貴重與否。父母親不會計較說：這禮物的錢還不是我給你的！我生你養你，只貪圖你這點東西嗎？而誰會窮到沒有水喝呢?!但是僅僅供養一杯水給奎師那，只要你真有心，祂便接受！重點是：你喝下這樣以愛心供奉過的水，吃了這樣供奉過的食物，聞到這樣供奉過的花，你就得到淨化了，與靈性能量接上線了。你滿足了吃喝的欲望，同時卻免於報應，得到解脫！

供奉的方法

「奎師那雖然遠在天邊，卻也近在眼前。」[註38]無論我們在哪裡，只要真心誠意地供奉，奉獻與愛會讓祂來到我們面前。

(一)、方便法

若出門在外，買好一份無蛋素食的餐點，在進食前對此餐點輕聲或默念「哈瑞．奎師那．瑪哈．曼陀」三次，誠心懇求奎師那接受這個供奉，然後再用餐。

(二)、正規的供奉

懷著為奎師那服務的心，自己準備水果、點心，或素食餐點。然後各取一小部分，分別盛在專門供奉的小碗中，外加一杯水，一起放在供奉的盤子裡。把整個盤子放到奎師那相片前，唸以下的供奉禱文，並誠心懇求奎師那接受這個供奉。五到十分鐘後再回來，擊掌三下，請示奎師那結束用餐。取下供盤後，把盤中食物放回原來的鍋子內，洗好供奉用具。接下來，就是派發、榮耀靈性素食囉。

奎師那真的會來吃你為祂做的飯菜點心。你若好好地做，祂會很開心，你也可以得到最高的快樂。

聖名和祭餘都是至高的靈性能量；聖名無異於奎師那本人，祭餘是奎師那的仁慈。從事這兩項修練可淨化內心、清除業報，讓你不再受制於物質三重屬性的捆綁和汙染。任何一個人都可以這樣做，以完美地控制自己說話的衝動，以及舌頭、肚腹、生殖器的衝動。

應該親近如此實修的「奉獻者」，以便學習唸誦聖名、準備祭餘。因為，靈性知識的傳承不是透過文字書本，而是透過「聯誼」！（9.14）

Facts

準備祭餘的注意事項

食材方面要避免魚、肉、蛋等，因其牽扯到暴力與業報問題。加工素料也不需要！洋蔥、大蒜、菇類、咖啡因（茶、咖啡）、麻醉品（酒）更要避免！這些低等屬性的食物對身體雖然也有一些好處，卻會

＊供奉天然素食的禱文，每首唸三遍。

（1）獻給帕布帕德的禱文

nama om vishnu-padaya krishna-presthaya bhutale
srimate bhaktivedanta-swamin iti namine
namaste sarasvate deve gaura-vani-pracarine
nirvishesa-shunyavadi-pashcatya-desha-tarine

（2）獻給柴坦亞・瑪哈帕布的禱文

namo maha-vadanyaya krishna-prema-pradaya te
krishnaya krishna-caitanya namne gaura-tvise namaha

（3）獻給奎師那的禱文

namo brahmanya-devaya go-brahmana-hitaya ca
jagad-dhitaya krishnaya govindaya namo namaha

「激化或鈍化」食用者的意識。

另外，天然的食材，主廚者和供奉者的衣物乾淨、意識純淨，都能提昇食物的品質。整個烹調過程也是「冥想」，所以應專心烹調，避免無益的話題。而且既是為奎師那服務，祂應該是第一個品嚐的人，所以自己絕不試吃，或邊煮邊吃。

★回到靈性世界：你真正的故鄉

聖帕布帕德指出：奎師那的純粹奉獻者在物質世界中並非被迫出生，或不情願地死去；他們是顯現或隱跡。

因為奉獻者致力於培養「奎師那知覺」，無論生死，他永遠與奎師那的至高能量連結！雖然身體活在物質世界中，但因始終知覺奎師那，所以他能保持「真我意識」，超越物質生死苦樂。

人們害怕死亡，那是因為「不瞭解」、也「不信仰和崇拜」至高的源頭。但對奉獻者而言，死亡是一座橋，會帶他走向「與最愛的人重逢的地方」——靈性世界，哥珞卡·溫達文！甚至，死亡是值得期待的；在脫去物質軀體後，奉獻者定會回到靈性世界，與奎師那常相左右！

最終章　面對死亡的典範

西方文明教人「躲避死亡」；因為物質主義者只認同物質軀體，只在乎物質享受，所以對他們而言，最重要的就是「提供享樂的軀體」，還有什麼比「死掉」更可怕！醫院就是要設計成讓人聞不到一絲疾病或死亡的氣息。

但是，古印度韋達文明卻教人「準備死亡」，經典中也記載著許多聖王在臨死前所做的準備。他們毅然決然地放下大好江山，不再有任何牽掛，專心地冥想著「超越物質」的至高目標——至尊主。如此放下對物質的依附才能減輕死亡時的痛苦和恐懼！

而現代人在自己死亡，或陪伴親友死亡的過程中，卻總是要努力完成「未完成的夢想」，或加強與親人的依附。這樣真的能放心、安心地離開嗎？

以下這些聖王在臨死前的言語和行動，就是必死的人類的典範，是能淨化、提昇我們的嘉言善行。只要恭敬虔誠地閱讀或聆聽，就一定能達到生命的最高完美——認識至尊主，並為祂做奉愛服務。這些內容出自於《薄伽梵往世書》。

★自訂死期的畢施瑪

神將「畢施瑪」是阿爾諸納的祖父輩，是巴拉塔國王與恆河女神之子。畢施瑪曾得到祝福，可以自己決定死亡的時刻。

他一生為家國盡忠盡孝。當庫茹族（持國諸子）挑釁潘度五子時，他真的很為難。雖然他比較認同才智品德兼備的潘度族；但是，當時庫茹族霸占了王位，供養著他，他只好「身在曹營心在漢」。

在五千年前的這場世界大戰中，祖父畢施瑪和阿爾諸納被迫要面對面一決生死。有一回，他們二人對決，阿爾諸納面對祖父，再怎樣也無法掄起兵器與之對抗。他回想起自己幼年喪父，小時候曾攀爬上畢施瑪祖父的肩頭，叫他：「拔拔，拔拔……」而終生未曾動情的畢施瑪也慈祥地回應他：「不是拔拔哦，叫阿公，阿～公～……」一想起阿公的種種，阿爾諸納閉上雙眼，準備受死。

一旁的奎師那眼見畢施瑪舉弓待發，阿爾諸納卻不作抵抗，於是急得掄起戰車的車輪，便要向畢施瑪擲去。畢施瑪見到是奎師那要殺他，竟寬心地閉眼合掌欣然接受。這時，癱倒在地的阿爾諸納趕忙抱住奎師那說：「奎師那，別忘了，你說過不直接參戰的！」這一回，兩方就此鳴金收兵。

事實上，除非畢施瑪自己願意，否則無人能置他於死地。潘度族只好直接去找他，恭敬地請教如何才能戰勝他。畢施瑪也據實以告：「有幾種情況我是不會出手的……」其中之一便是「不殺女子」。

所以在大戰的第十日，潘度族這邊便派出「花木蘭」史坎蒂迎戰畢施瑪。果然，畢施瑪無法在史坎蒂面前使出全力。另一方面，卻讓掩身在史坎蒂後方的阿爾諸納得到良機。神將畢施瑪受了幾箭仍然不倒，他反而高興得擊掌叫好，並說：「史坎蒂，妳的箭是決計傷不了我的，我感覺這是阿爾諸納射的箭。太好了，他的箭術較之往日，大有進境！我非常高興！」阿爾諸納只得不斷發箭。終於，不死的神將以箭為床，倒臥了下來。

阿爾諸納撲向前去，哭倒在親愛的祖父腳邊，所有的戰事也暫時嘎然而止。畢施瑪雖倒下，但當時太陽行進的方位不利瑜伽師離開人世，因此他沒有馬上走。

畢施瑪最後對著潘度五子說：

「你們是宗教化身的兒子，是善良的靈魂，但你們所遭受的苦難與不義是何等的可怕啊！這些苦難足以致人於死地；然而，婆羅門、宗教、神卻保護著你們。

「時間的影響力無可避免……沒有人知道至尊主奎師那的計畫，偉大的哲學家即使絞盡腦汁也感到手足無措……國王啊，由於你的愚昧，你一直以為奎師那只是你母系的遠親、密友、恩人、導師、祝願者，甚至有時祂還幫你們送信，為阿爾諸納駕戰車，然而奎師那的確是『神』

的『至尊人格』。

「祂也存在於人人心中，對眾生一視同仁。祂超越物質能量。儘管祂平等對待眾生，然而，在我的生命即將結束時，祂卻親切地來到我面前。因為，我是祂勇敢而堅定的僕人。

「奉獻者全心全意地唸誦聖名、做奉愛服務，神的至尊人格便出現在他們的心內；在他們脫離物質軀體時，使他們從業報法則的捆綁中解脫出來。

「我的主正向我微笑，祂的身上有蓮花的裝飾，祂的眼神如初昇的旭日。願祂在我離開這物質軀體時，和靄地等著我。」

尤帝世提爾王接著詢問關於「賦定職責」的問題，畢施瑪於是講述社會四階層、人生四階段、國王的職責、婦女的職責、奉獻者的職責、解脫的行動、不執著、佈施的藝術等等。直到太陽行進到了北半球，這是神祕主義者所期待的離世時刻。

這位宣揚人生真理，而且救人無數的神將便停止說話。他的雙眼凝視著那身著黃袍的至尊主、至尊人，於是他的心念與一切外物斷絕，並從所有的束縛中解脫出來。他離世之時，意念純淨，立即脫離物質上的種種不幸，以及箭傷所引發的一切痛苦。他停止了所有感官的活動，在離開軀體的過程中，他向那至尊主、至尊人做超然的禱告。

畢施瑪說：

「我要將我的『思想、感覺、願望』（thinking, feeling, willing）從長久以來所專注的各種事物和職務上收回，現在只專注於全知全能的奎師那。物質世界的源頭是祂，因為祂也深愛著祂的奉獻者，所以有時祂也來到物質世界，享受超然喜悅。在物質世界裡，祂是以祂自己原初的超然形體顯現。那彷若塔茂樹的藍黑色的形體，吸引住物質世界高、中、低三類星系的一切眾生。但願我能超越一切果報的吸引，但願我只受祂吸引，專心地凝視祂那金光耀眼的黃袍，和畫著檀香漿圖紋的、蓮花般的臉龐……

「在庫茹之野，當阿爾諸納顧慮敵軍中的親人與師長，而被憐憫心擊潰，被墮性蒙蔽時，奎師那本人以超然的知識去除了他的愚昧。但願，我也能永遠受祂的蓮花足所吸引……

「在死亡的瞬間，奎師那啊，吸引住我最終的注意力吧！我把心念集中在阿爾諸納的戰車御者身上，祂右手執鞭，左手握繩，謹慎地保護著戰車上的阿爾諸納。凡是在庫茹之戰看到祂的人，死後都回復原初的靈性身形。

「讓我的心念集中在奎師那身上吧。祂的一舉一動，一顰一笑，吸引著聖地溫達文所有的牧牛姑娘……

「尤帝世提爾王所舉辦的『皇祭』，是全世界的皇室與知識階層的偉大集會。在當時，所有的精英都頂拜奎師那，公認祂即為至尊主、至尊人。這是在我有生之年親眼所見之事；而今，為了專一心志在奎師那身上，我要記住這件事。

「我專心凝視著出現在我面前的奎師那。關於祂也出現在人人心中，甚至是思辯家心中這一點，我已經超越二元論的誤解。祂的確也在人人心中，就像大家在不同的地方都能看到太陽；然而，太陽只有一個。」(1.9.12-42)

畢施瑪就這樣地把他的「思想、感覺、願望」，以及「言語、視覺、行動」融入超靈，回歸到奎師那身邊。然後，他不再言語，呼吸也停止了。

畢施瑪肯定回歸到至尊人的永恆懷抱，現場只留下落日餘輝，淨思靜默；接著是一陣從天空灑落的花瓣雨——來自神眾的歡欣與祝福。

★離家苦修的持國

戰爭結束後，尤帝世提爾依照畢施瑪和奎師那的指示，在弟弟們的協助下，治理國家。他在位期間，風調雨順，五穀豐收，乳牛也供應豐沛的乳汁。山河大地及一切生物都生機勃發、欣欣向榮；人民生活富足，稅收也很充裕。這是因為「國君沒有敵人」，所以，他治下的眾生也不會受到極端氣候、各種疾病，以及精神上的痛苦。

然而，「持國」與妻子「甘達莉」卻活在悲傷之中。他們的一百個兒子妄想篡位，發動戰爭，如今，全死了，只留下二老，苟活於人世。

持國的三弟「維杜拉」遊歷歸來後，目睹了持國的窘狀，這天他特地找持國談話。

維杜拉說：「過分地依附家中事物，心中總是操煩著家人種種，這樣的人必會在至高無上的時間力量下灰飛煙滅。」

維杜拉關心長兄持國的真正福祉，他說：

「親愛的大哥，請你立刻離家，切勿延遲。你繼續待在這兒，心中也只是充滿恐懼而已。當初你是如何對待潘度五子的，今日你便有多害怕他們的報復！

「永恆的時間造成了這可怕的情勢，物質世界中無人能挽回。在時間的影響下，人人都得放棄自己最重視的生命，更不用說財產、子女、名聲等等了。你的父親、弟弟、子孫、祝願者全死了。你也已經老態龍鍾，卻苟活在別人家裡！你天生失明，現在又重聽。你的記憶衰退、智能減弱、齒搖髮禿、肝臟退化、常有濃痰。

「唉，求生的渴望如此之強！然而，哥哥啊，你的狀況不正像是一條狗嗎？陛瑪殺了你的兒子，你現在卻只為了能舒服地養老，就要寄人籬下？更何況現在供養你的是潘度五子啊！你曾經設下種種毒計要害死他們，公然允許兒子們強剝他們妻子的衣衫，千方百計地要篡奪他們的王國和財富……，就算他們不計較，而你也不顧聲名地貪圖安逸，可是，你的身體正在死亡！依我看，死亡隨時都會來找你，真的沒有必要去依靠他們，過這種短暫舒服的日子。

「你要苦行！要放下一切，去到那遙遠的地方。當這物質軀體再也沒有一點用處時，就斷然地拋下它，像脫掉舊衣服那樣，毫不猶豫地扔下物質軀體。

「我認為人應該要覺悟這個物質世界的虛假和苦惱的本質，不管是靠自力或他力，只要能專注於心中的至尊主，必定是第一等人！所以，請你立刻動身往北走，也不用告訴親人。因為，減損人類善性品質的「時間」，正在不停地逼迫啊！」（1.13.17-28）

持國聽了這番話，他深自內省，心中生出無限的信心，他毅然掙脫親情之網的捆綁，即刻離家；他溫柔貞潔的妻子甘達莉也跟了去。他們走出宮殿時沒有留下隻字片語，逕自朝著北方前行。

尤帝世提爾等人翌日要向持國伯父及伯母問安時，卻遍尋不著。最後從吟遊聖哲「納拉達」口中得知，持國在喜馬拉雅山南邊的恆河岸上苦修入定瑜伽。他每天早、午、晚沐浴三回，只靠喝水維生，做火祭；如此，他控制住感官心念，身體和精微體，並去除了對家庭的眷戀之情。

持國修練體位法（指靜坐）和呼吸法，他將感官和心念轉向至尊主，因此逐漸去除物質能量的掌控，脫離三重屬性的捆綁。當他超越種種障礙後，他將脫離物質驅體。

他已是完美的瑜伽行者，有能力在自己所選擇的時間離開物質驅體；他可用自身的火將物質驅體化為灰燼，然後前往他想去的星球。

持國貞節的妻子甘達莉，此時正站在茅屋外。一看到火從丈夫體內發出，並將茅屋燃燒起來，她就堅定而專注地走入火中，要與丈夫永遠同在。就這樣，他們倆離開了人世。

★放下一切的尤帝世提爾王

得知伯父伯母已解脫的尤帝世提爾王，內心不再悲傷，他善盡君王的職責。但是，在統治世界三十餘年後，他觀察到種種不祥的徵兆；同時，阿爾諸納也向他確認奎師那已經隱跡，奎師那的雅杜王朝也結束了在地球上的展示。

他明白一旦奎師那離去，鐵器年代便要降臨地球。國與國、家與家、人與人之間，都會有貪婪、虛假、欺騙、暴力在不斷地增長。所以，他知道離開的時候到了。尤帝世提爾王安排好王位繼承人，舉行祭祀以棄絕一切財產。然後，他即刻放下代表皇室的所有用品，毫不眷戀。

他穿著破爛的衣服，頭髮也不梳理。不再開口說話，也不聽人說話。不吃固體的食物，也不再依靠兄弟們任何事情。他的外表看起來就像是個要飯的孩子，或失業的人。然後，他向北走，踏著祖先們所走過的道路，把自己全然托庇於奎師那的仁慈。無論他去到哪裡，他的思想、生活方式都是以奎師那為中心。

他的弟弟們也看到了鐵器年代中「非宗教行為」的可怕，因此，他們也追隨他。他們五兄弟一生履行賦定職責，並確認奎師那是一切行動的無上目標。因此，他們不間斷地冥想著奎師那的蓮花足。

藉著全神貫注的知覺和憶念奎師那，他們得到純粹的意識狀態，到達奎師那所統治的靈性世界。那裡——哥珞卡．溫達文，不是沉浸於物質能量中的人能去的，只有一心一意只為奎師那奉獻的人才能到達。

尤帝世提爾和他的弟弟們、妻子們，因為已洗淨了一切物質污染，所以，最終都到了靈性世界的至高點——溫達文！

★七日解脫的巴力嗣王

庫茹之野的大戰結束後，奎師那正準備要回到自己的國家鐸卡，卻看到阿爾諸納的兒媳婦烏塔拉（Uttara），飛奔而來，跪倒在祂面前。烏塔拉面有懼色地說：「奎師那呀，宇宙的主人啊，有一支可怕的箭正朝我射來。我死不足惜，但是請祢救救我兒！我的主啊，請如此地善待我。」

奎師那立刻明白這是敵軍最後的一擊——梵射光！對方竟要趕盡殺絕！於是祂馬上運用神力，加以反制，護住了烏塔拉和她腹中庫茹王朝唯一的繼承人。

胎兒當時在母親腹中深受梵射光燒灼之苦，此時，他見到至尊主向自己走來。祂顯現在胎兒面前的身形不過姆指高，然而，祂是超然的。祂的形體美麗非凡，身穿黃袍，頭上戴著閃耀著光芒的寶冠。腹中胎兒所看見的至尊主有四隻手臂，祂的耳環金光閃閃，雙眼因憤怒而血紅；祂操起法棍斬妖除魔時，那舞動的法棍便如劃過天空的流星般圍繞著祂。就這樣，至尊主擊退了梵射光的威力，宛如太陽使露珠蒸發一般。

他出生以後，婆羅門學者們即道出他的來歷，述說他的種種美好品質，並預言了他的死亡與解脫。因為他在母胎時即對至尊主有印象，便自然地不斷冥想著主。他從小就有「檢查」每一個人的習慣，他想要找出當年在子宮中救他的那一位；所以，他便以「巴力嗣」（檢查者）聞名於世。不過，他始終檢查不到有誰和主一樣，或更具吸引力。但在這種檢查、冥想之下，主一直與他同在，他也一直在做著奉愛服務。

巴力嗣大君長大後，一如聖哲所預言，以崇高的器度統治世界。他拜克里帕為靈性導師；並在靈性導師的指導下，在恆河邊舉行了三次馬祭。在這些祭典中，即使只是一般小老百姓也能看到下凡的神眾！

有一天，巴力嗣大君在森林中狩獵。當他感到疲倦、饑餓、口渴之時，他來到了一位偉大聖人的居所。聖人正處於入定狀態，所以當巴力嗣大君向他要水喝時，他完全置之不理。國王覺得被怠慢，怒火攻心，便用弓挑起屋外的死蛇披在聖人的肩膀上。回程中，他反覆推想，到底這聖人是真的入定了，或是有意侮辱國王？

而另一方面，聖人之子得知父親被人戲弄，心中異常氣憤。他大怒說道：「大家來看看統治者的罪惡吧！剎帝利應該像守門犬和烏鴉，怎可對主人不敬？怎可侮辱教育他們的主人呢？

剎帝利身為守門犬，就必須守在主人的門口才對，怎可自己進屋來要求和主人用同一個盤子吃飯？自從至尊主奎師那離開，這種以強欺弱的事件便層出不窮。我們的守護者已經走了，所以，我要自己來處理這件事，我要處罰國王，讓他瞧瞧我的厲害！」

婆羅門之子憤怒地在同伴面前，手觸高希卡河之水，說出雷電般的詛咒：「從今天起的第七日，會有一隻蛇鳥出現，他會咬死我最討厭的巴力嗣大君，因為他侮辱我的父親，破壞了禮法！」

即使如此，憤怒的婆羅門之子仍不得寬心，他回家後見到父親就大哭起來。

父親從入定中醒來後，撥開肩上的死蛇，便詢問兒子整件事的來龍去脈。一聽到兒子竟為了微不足道的小事，而詛咒一位「不應被斥責」的偉大國王，聖人心中非常懊悔，他覺得兒子已犯下更大更大的罪！他告訴兒子說：「你的智慧還不成熟，不知道君主和一般人的地位不同。要特別敬重君主，因為有他，國家和人民才能受到保護，才有富足的生活。更何況巴力嗣大君不是一般的君主而已，他是出身皇室的聖哲，他在饑渴交迫下所做的事，不應被責怪，而你竟然膽敢詛咒他？」

巴力嗣大君回宮後，心中也懊惱不已。他後悔對一個沒有犯錯的婆羅門輕率地表達自己的不滿。他深切地內省：「我疏忽了至尊主的訓示，疏忽了保護婆羅門的職責，也沒有好好地保護乳牛，這是我的罪過。我想在不久的將來，一定會有可怕的災難在等著我。但是，我倒樂見災難發生在我身上，因為這樣，我便可免去罪惡行動，不再重覆這種冒犯。」

後來巴力嗣王得知自己的確受到詛咒，在七日後必死無疑。此時，他其實也能為活下去而做些努力，或者是抵消詛咒。但是，他沒有！他選擇赴死。

他放下親人、整個地球王國，他走到恆河岸邊，決定要在此靜坐，冥想著奎師那，靜待死亡。那時，天上人間，所有神祕主義者、聖哲、瑜伽師，都以朝聖為藉口而來到了巴力嗣大君靜坐的恆河岸邊。他們都讚許他面對詛咒和死亡的態度，並以實際行動支持他。

面對全宇宙的精英聚會，巴力嗣王說：「至尊主、至尊人是物質世界和靈性世界的控制者，祂以『婆羅門詛咒』的形式征服了我。因為我太執著於家庭，所以為了拯救我，祂出現了，讓我知道什麼是恐懼，讓我為離開物質世界做準備。」

巴力嗣大君坐在庫夏草編成的坐墊上；座位在恆河南岸，他面向北方。他完全控制住感官心念，專注地冥想著至尊主，他準備要如此斷食至死。從空中飄下層層花瓣雨和仙樂，似乎神眾也為此歡欣鼓舞。

此時，修卡戴瓦·勾斯瓦米出現。聖哲們精於面相學，他們一見到此人，便紛紛起身致敬，並請他上座。修卡戴瓦·勾斯瓦米就像眾星拱月般，讓眾人圍繞著他發問。於是，巴力嗣大君也走向他，並說：「普通人無法察覺您的行蹤，而我這等死之人原本也無緣就教於您。然而，若非奎師那的巧妙安排，您又怎會自動出現在我面前？

您是偉大的聖賢與奉獻者的靈性導師。因此，我懇求您為所有的人，特別是快要死去的人，明白地指出完美的道路。請問您：一個人該聽什麼？說什麼？憶念什麼？崇拜什麼？請您也告訴我，一個人絕不能做的是什麼？請您為我，也為眾生解釋這一切！」

於是，他二人的對話內容就成了瑜伽聖典《薄伽梵往世書》。在場眾人也全神貫注地聆聽了七天七夜，直到巴力嗣王死亡解脫！

附錄

感恩與憶念

小時候讀偉人傳記，那些為了全人類的福利，挺身對抗疾病或死亡的醫界偉人，最叫我崇拜不已。疾病和老死是最可怕的，不是嗎？而能在生死一瞬間，搶救人命，或研究疫苗讓全人類免於某種疾病的人，真的真的很偉大！

現在的我已經四十歲了，我仍然尊敬過去所認識的偉人。但是，生老病死卻還是一直在發生。只不過，以前的人會因天花、白喉而死，現在沒聽過，但卻湧現了更多奇怪的疾病和絕症！

然後，我醒悟到醫學能救的也許只是個人、少數人，不是全人類！其實，不只是醫學如此，人類一切的努力、救援都只能救個人，或者說某種狀況下的某些人。而且，也只是暫時的活下來，最後還是通通得死！到底，有沒有人可以救全人類？怎麼救？而且是「不要再有生老病死」?!

聖帕布帕德，以及奉愛瑜伽的師徒傳承中許許多多的靈性導師：如帕布帕德的靈性導師——Bhaktisiddhanta Sarasvati Thakura，溫達文的六位勾斯瓦米，哈瑞達斯．塔庫爾，和奎師那的祕密化身——柴坦亞．瑪哈帕布。這些人物是三十歲之後的我尊敬、崇拜的對象。原因是：這些偉大的奉獻者真正打敗「生老病死」的物質能量大軍，而且他們已用自己的一生實證了「超越生死」，並將《薄伽梵歌》的五項真理傳承下來！

★永遠感恩的聖帕布帕德

聖恩A.C.巴克提韋丹塔．斯瓦米．帕布帕德，是奎師那的純粹奉獻者，他出身瑜伽世家，是當代的奉愛瑜伽大師，他把靈性導師交付的使命當做「生命」——他的信心、勇氣、精力都源自於此。

因此，一九六五年時，高齡六十九歲，幾乎身無分文的他，獨自一人搭乘「水兵號」貨輪，橫渡大西洋來到美國。他曾說：「我得流出三噸的血才能讓人相信奎師那。這是我的經驗……特別是要讓歐洲人和美國人相信的話……。」他想要做的事情的確很難，但是，奎師那給予他熱烈的回應，為他送來成千上萬個西方人、東方人。那些在人生旅途中迷失自我的人，因為遇見帕布帕德而相信奎師那，並找回了靈性真我！聖帕布帕德如實地傳揚主柴坦亞的信息給西方人士，而這對傳統印度人來講，可說是空前的挑戰！但因為他已得到奎師那的授權，而且有知識、智慧，更有信心、勇氣，以及至高的慈悲，所以一切困難便都迎刃而解。

他以美國為起點，展開了十二年的全球傳教活動。他的得力助手是一群半路出家的西方門徒，然而，他果真讓全世界都知道了「哈瑞．奎師那．瑪哈．曼陀」，《薄伽梵歌》、《薄伽梵往世書》！

其實，全世界各地有很多來自印度的「享茹」（靈性導師），而聖帕布帕德可說是極少數最為成功的享茹之一。但，特別的是，他並不強調自己的法力或才能，他謙卑地說自己只是「神的僕人」；他也是唯一一個真正讓非印度籍人士體驗到了「奎師那」和《薄伽梵歌》的至高能量的靈性導師。

帕布帕德對假科學、假神，和其他意欲取代宗教的謀利事業毫不客氣，在傳揚真理時也絕不妥協——如果你真想「超越」物質能量，你就得擺脫物質欲望。我們看過太多「變質宗教」以物質利益為餌，妥協教義，放棄戒律，只為拉攏更多的追隨者。我們也看過太多只想討好門徒的靈性導師，為了個人利益，反而積極地改變說法迎合門徒的心態。然而，聖帕布帕德是真正的靈性導師，你要是準備好了，他就會給你「全面、完整又完美的真理」！

聖帕布帕德是純粹奉獻者。奉獻者的特質之一便是「感恩」。當眾人爭相榮耀他、取悅他的時候，他並不像大多數登上高位就被權力迷醉的人那般健忘，不！在他光榮的時刻，他會榮耀所有做服務的奉獻者。只要為傳播奎師那的聖名而努力過的人，他也都牢牢記得，並時時感謝著他們，卻不認為自己做過了什麼。

披頭四合唱團的喬治．哈里遜（George Harrison）曾資助過「哈瑞．奎師那運動」，也曾受帕布帕德鼓勵，製作過「哈瑞・奎師那」唱片。有一次有人問帕布帕德會不會啟迪喬治・哈里遜，結果他答說：「他已經比我的門徒強了。他是我的兒子。他是『哈瑞之子』。」帕布帕德臨終前，回到了聖地溫達文。有一天，他取下手指上的金戒指，眼中含淚的他轉頭向塔茂・奎師那・勾斯瓦米說：「把這個交給喬治，告訴他我愛他。」

這就是聖帕布帕德。永遠感恩！

奎師那的愛是無條件的，聖帕布帕德是奎師那忠心的僕人，他對門徒及朋友的愛也是如此。奎師那從來不會忘記我們做過的服務；即使我們墮落到最低的層次，祂仍然會回應我們，並安排我們所需要的業報，讓我們又有往上爬的機會。祂從來不曾忘記，而且永遠不會忘記我們為祂做過的服務。祂總是等著，要在我們轉向祂的一瞬間，就把我們往上提昇出來。

所以，為什麼「奉愛服務」中的行動成果都能永不失去？

因為事實上，奎師那也會「感恩」於你，而那只不過是祂無上富裕的小小展示而已。

純粹奉獻者從不忘記感恩，奎師那也從不忘記感恩。他們總是會做些巧妙的安排，把那個曾真心做過奉愛服務的奉獻者帶回家。註39

★回憶　哈亞責瓦・帕布

聖帕布帕德剛到美國紐約時，什麼都沒有。曾有個嬉皮男邀請帕布帕德到他家的頂樓居住，當時這件事讓他很興奮。

那時，如果有兩個人來上他的《薄伽梵歌》課程，他就高興得不得了。他會在日記裡寫下：「今天，我買馬鈴薯，花了……十分錢」，「而且我為……買了點白菜，花了……二十二分錢。」每件小事情他都寫下來。「我買了一張郵票，花了五分錢。」這全都記在他的日記裡。

然後，他說：「今天，我們辦了一個活動，有八個人來。我播放了一捲『哈瑞．奎師那．瑪哈．曼陀』的錄音帶。」他播放的是一捲他自己唱頌的錄音帶。他說：「他們都好喜歡。現在我很確定哈瑞達斯．塔庫爾的預言就要成真了，大家都要唱頌哈瑞．奎師那了！」

他會把任何一個來自奎師那微微的瞥視看做是一個大奇蹟。他也會因此而充滿朝氣與活力。對他而言，「有八個人來！有三個人來！」他就寫信給他那些留在印度加爾各答的神兄弟們，「我們現在有一個中心了，就位在紐約市！」但是沒有人當他是一回事。

那只是一個包爾瑞大街上的小公寓，而且是在頂樓。你得往上爬，一層層的樓梯，樓梯間又溼又髒，聞起來還有霉味，光線又暗。即使在大白天也很暗。到了他的房間，一件傢俱都沒有！帕布帕德當時就坐在地板上，房裡唯一的光源是一只電燈泡，直接從天花板上垂下來。沒有窗簾，什麼都沒有！

過了一陣子，嬉皮男吸食迷幻藥，他威脅帕布帕德，而且追打他，還說要殺了他。某個深夜，帕布帕德跑去找曾經來聽他講課的美國朋友。他靜靜地站在那兒。他說：「現在我沒地方去。我可不可以和你們住？」

可是，朋友們也不曉得該怎麼辦！因為他們實在是不想跟一個印度老人一起住。那朋友與人同居，沒正式結婚，而他卻是從印度來的「講究規矩」的托缽僧；這有多不方便啊！

真是緊急啊，這對朋友只得努力地給他安排點什麼。結果，他們找到第二大街二十六號的一個小店面，又在朋友之間想辦法籌到了第一個月的租金，然後他們告訴帕布帕德說：「我們沒辦法付以後的房租了。不過，我們給你找了這麼個地方。」多棒哪！庭院後方還有個小屋呢。

於是，他開始舉辦《薄伽梵歌》講座……他在窗戶上貼了張小海報，上頭寫著《薄伽梵歌》的課程時間。但是，沒有人來上課。有一天他出門後，竟然來了小偷，他的打字機、所有的財物都不見了。於是，生計出現危機。在這之前，他已經歷過兩次心臟病發。現在，他更是什麼都沒有，也沒人幫他。但是，他仍繼續傳教。

有一次他去休士頓街，有個人一瞧見他，便跑過來對他說：「你是從印度來的嗎？」帕布帕德說：「是的。你也是嗎？」

這人是個美國人，非常高大。他們便開始聊了起來。帕布帕德把他帶回第二大街的住處。他說：「請你來聽聽我的課，你可以帶朋友一起來。」課後他又問那人：「你覺得怎樣？」他非常謙卑地尋求指導，只願能做好對奎師那的服務。後來，那人成為「哈亞貴瓦．帕布」（Hayagriva Prabhu）。

哈亞貴瓦開始把朋友們帶來。當時，只有帕布帕德住在那兒。帕布帕德就問：「你們何不搬進來呢？」於是，他們便搬進去同住。他們把自己的東西都帶來，也用這些東西來裝飾牆壁。他們去過印度，並帶回來幾張在加爾各答買的圖畫。於是，他們把這些圖畫掛到牆上。他們根本不知道這些畫的內容是什麼。他們以為這些畫是「吃迷幻藥後出現的景象」——有抬著山飛行的猴子，有六隻手臂的人，還有人躺在多頭蛇身上……，他們只是覺得：「真是太炫了！」

這天，他回到那小店面時，裡頭竟全都裝潢好了。然後，他看到了這張圖，便跪了下去，全身匐匍在地，並唸了一些禱文……他們就問：「你在做什麼？」他答說：「這個是柴坦亞．瑪哈帕布的六臂形象（sadbhuja），是集羅摩、奎師那、柴坦亞於一身的形象。」

有一天，帕布帕德問哈亞貴瓦說：「可不可以幫我一個忙？」他說：「當然啦。」帕布帕德說：「到我房間來吧。」他就上去了。

帕布帕德說：「你是個英文教授？」哈亞貴瓦說：「是的。」帕布帕德說：「你可以幫我編輯嗎？」哈亞貴瓦：「樂意之至。」

哈亞貴瓦其實心中盤算著可能是一頁或一篇文章。結果，帕布帕德交給他約有八百頁的手稿，全部用線捆在一起。他說：「你可以從這份開始做。」

哈亞貴瓦問道：「啊，斯瓦米吉，怎麼是這……？」他不太能說出口。

然後，帕布帕德看著他說：「你做完這個以後……，還有喔。」然後他打開大箱子，裡面有好幾千張手稿。哈亞貴瓦真的做了。他開始編輯，用他最好的能力去編輯。

後來，哈亞貴瓦守不住規範原則，也無法固定從事靈修活動（sadhana）。事實上，他開始做一些奉獻者會嫌惡的事。但是，每當帕布帕德遇見一些早期的奉獻者，他便要問：「我的哈亞貴瓦在哪裡？我的哈亞貴瓦過得好不好？」

有一次在夏威夷，奉獻者們告訴帕布帕德說：「哈亞貴瓦就住在這附近。」帕布帕德說：「請你們去找他，請告訴他我真的很想見他。」但是哈亞貴瓦覺得自己很可恥，他一個人隱居著。可是一得到帕布帕德傳來的口信，他便來到帕布帕德面前。他跪倒在帕布帕德腳邊，抽泣著說：「我真的以自己為恥，帕布帕德。」

帕布帕德扶他起來，並擁抱他。帕布帕德也哭了，他說：「你是我的兒子。我永遠也不會忘記你的。」沒想到，接著，帕布帕德就塞給他一大疊手稿！

那時早就有好幾個奉獻者在為帕布帕德編輯。所以，並不是亟需哈亞貴瓦來做編輯。但是，帕布帕德只是想要讓他做點奉愛服務，而他也做到了。帕布帕德從不忘記這些奉獻者。

後來，哈亞貴瓦仍舊陷於墮落的狀態。直到帕布帕德臨終前，他還告訴幾個資深奉獻者說：「我要把這個責任交付給你們，把我的哈亞貴瓦找回來。」

幾年後，大約是一九八八年吧，我在印度孟買。哈亞貴瓦．帕布來到我們在孟買的廟，當時的他已病得很重了，是脊椎癌末期，而且癌細胞已擴散全身，沒有痊癒的希望了。他一知道自己的身體狀況，便完全地臣服於帕布帕德和奎師那的蓮花足下，謙遜得像一株小草。

奉獻者會讀經典給他聽，他則著迷似地全神貫注地聽著，非常順服。他完全順服地接受帕布帕德書中的話語，並且謙卑地尊敬任何一位讀經給他聽的奉獻者。他身上流露出不可思議的品質。他也徹底地、完完全全地懺悔所有他曾做過的錯事。他接受奉獻者的庇護，接受聖帕布帕德書籍的庇護，接受神像的庇護。他表現出來的奉愛和真摯，真正不可思議。

有一次他說了一個他和帕布帕德的故事。

哈亞貴瓦說道，大約是一九六九年左右吧，帕布帕德想要他擔任新溫達文的廟長一職。他從其他消息來源聽到有此一說。

但是，他不想當廟長，所以他努力思考，打算提出種種有力的理由來說服帕布帕德。他真的花了一整個禮拜的時間在擬定策略，各種論點、社會因素、個人因素，還引經據典！他當過大學教授嘛。

果然，帕布帕德要找他一談。他走進帕布帕德的房間後，想到自己背好的那些說詞，想到自己之前的祈禱，應該沒問題啦，完全裝備好了，他絕不會當上新溫達文的廟長的。什麼都好說，就是不要當廟長！

帕布帕德開口了：「有件服務我想要你去做。」

他假裝什麼都不知道，接口說：「是的，帕布帕德？是什麼？你要我做什麼？」

帕布帕德說：「我要你成為『托缽僧』（棄絕階層）。」

短短一句話，卻有如一支燃燒的箭刺穿他的胸膛，正中他的心臟，然後……火勢無法撲滅。他完全迷惑了，也失去了平衡。

他說：「帕布帕德，不要，不要！我不夠資格！」

帕布帕德說：「不、不，你夠資格。」

他說：「不、不，帕布帕德！我有很多性慾。」

帕布帕德說：「啊，你會被淨化的。繼續唸誦就好。」

他說：「帕布帕德，我……我……我辦不到。」

帕布帕德說：「你應該接受，成為托缽僧。我已經決定了！」

他著實楞住了。回過神後，他又大叫：「拜託，拜託！我不要當托缽僧！」

帕布帕德就說：「好吧……如果你當新溫達文的廟長，你就不用當托缽僧了。」

哈亞貴瓦那時竟然說：「啊，太好了。那正是我想要做的服務吶，帕布帕德。我好感激你，讓我當新溫達文的廟長喔。」

在他快死前，他說了這個故事。然後他尋思：「是的，我應該成為托缽僧才對。現在我快死了，而帕布帕德曾給過我這個訓示……。」

於是，他的一個托缽僧神兄弟便授予他托缽僧的位階。那時的他已不能走路，癱了。我（HH Radhanath Swami）把授予他的「法杖」（danda）從祭火旁交到他手上。一見到那法杖，他就好像看到帕布帕德親自走過來一樣。哈亞貴瓦・帕布整個人亮了起來。雖然還躺在床上，但是他全身都有了光彩，淚珠成串地從他雙眼湧出。

他高舉著雙手說：「帕布帕德！帕布帕德！」

他說：「好幾年前……您就要我做這件事。您等著我把生命奉獻給您，已經等太久了。帕布帕德，我讓您等太久了。現在，就讓我為您做這項服務吧！」

然後，他痛哭起來。他說：「聖帕布帕德，原本這些年來我可以為您做很多很多服務的……現在的我非常痛苦，一天二十四小時都很痛苦；而且我隨時都會死，可是我一點也不遺憾。我唯一的遺憾是：這些年來，我原本可以為您做更多服務的，卻因我內心的軟弱，我沒有去做。」

「不過，聖帕布帕德，我知道您一直在等我。」

然後，他拿起法杖放在額頭上，擁抱著法杖。最後，他離開了這個世界，在這種令人驚嘆的、美好的「奎師那知覺」中，走了。

我們從這個故事學到了什麼？

聖帕布帕德的感恩。

哈亞貴瓦做過奉愛服務，他取悅了聖帕布帕德，他取悅了奎師那；而奎師那永遠不忘記這些，奎師那的奉獻者也不會忘記。

在生命的終點，在最危險、最令人恐懼的事情發生時，帕布帕德和奎師那都會來帶他。這就是奉愛服務的力量。這就是「奎師那感恩的力量」。奎師那不只是看到我們供奉的東西。祂還看到供奉之中的真情真意。

事實上，哈亞貴瓦給我看了一封帕布帕德寫給他的信，當時的他仍在墮落狀態中。聖帕布帕德的信中說：「因為你曾經在溫達文虔誠地唱頌哈瑞．奎師那，所以，奎師那會來救你，會來把你帶回家的。」這是聖帕布帕德一向的信念。

是的，有時我們看到奉獻者做了非常了不起的服務，但有時他們也會做蠢事。他們甚至會墮落。我們所做的奉愛服務是絕對的、永恆的；但是，我們所做的「瑪亞」（幻象）（蠢事）則是相對性的、短暫的。這是事實。

毫無疑問地，若有人在修練「奎師那知覺」時不足以為模範，我們可以不要與他們聯誼；因為他們喜歡批評別人，或者他們會把我們拉進他們的瑪亞之中。所以，對這些人我們只要從遠處頂禮就好。但我們自己不應該失去均衡的眼光。

均衡的眼光是什麼？一個人無論做了什麼冒犯或罪行，這都在業報法則的相對性中，奎師那自會懲處他們，或採取必要措施。但是，整體說來，他們曾經做過的奉愛服務會永遠存在。

哈亞貴瓦．帕布即為一例。以我的看法，他已藉著帕布帕德的無緣恩典回家了，回到了至尊主的身邊。所以，如果他已回到家、回到至尊主身邊，那還有誰會在乎他在這世界曾做過的蠢事、曾犯下的錯誤呢？

是的，奎師那看到我們墮入瑪亞幻象，祂會用一些法子修正我們。但是祂也會看到我們曾做過的服務。倘若是動機真誠的服務，那麼，奎師那會永遠感激你的。註40

★塔茂．奎師那．勾斯瓦米

二〇〇二年三月十五日，是我們永遠也忘不了的一天。因為，塔茂．奎師那．勾斯瓦米在聖地離開了軀體。

當他準備從聖地瑪雅埔前往機場時，在途中發生車禍……他走了。

有些人問：「他是偉大的靈性導師，為什麼奎師那不保護他？」

然而，事實上，奎師那的的確確保護了他，他離開軀體時沒有痛苦、恐懼，瞬間就離開物質世界了。

具備且相信經典知識的人，馬上便能理解到：塔茂．奎師那．勾斯瓦米離世的地點就在聖地，時間則是一天當中最吉祥的時刻。（而且，當時正逢節慶，全球各地數千人前來朝聖。他在聖地時總能吸引無數人追隨，他的隱跡竟也如此！）毫無疑問地，奎師那在瞬間帶走了他，回到了永恆的靈性世界。

然而，對經典沒有信心的人必須編造許多謊言，指責他的不是，甚至污衊他。其實，這些人不相信的是「竟有像塔茂．奎師那．勾斯瓦米這樣的人！」

竟有人對帕布帕德、對《薄伽梵歌》、對主柴坦亞．瑪哈帕布、對主奎師那，信仰得如此之深。他們不願相信這個事實，同時卻又被自己的嫉妒心迷惑，他們希望看到一個墮落的托缽僧，可是他不曾墮落！

他的完美「行動」、超然不凡的隱跡，已經說明一切。

他相信《薄伽梵歌》的教導，而且堅信不移，這樣超然的信念是他一切行動的基礎，這是每一個服侍過他的門徒親眼所見的事實。

他信奎師那，信帕布帕德，更重要的是他也信他自己，也確定自己與奎師那永恆的關係，他一直謹記著自己是「奎師那的僕人的僕人」。

他的的確確是我們親眼所見的一位「奎師那的僕人的僕人」，他是聖帕布帕德的傑出門徒兼左右手，是他貫徹了聖帕布帕德的意志，將五百年前的預言在現代具體實現，他是無數人心中永遠的祝願者和靈性導師……

他也是逢財和信慧永生永世的靈性導師！

因為他，我們的靈性得以被喚醒、被開發。雖然我們早已忘記奎師那，也無從感受與祂的分離之苦。但是，因為我們很想念塔茂．奎師那．勾斯瓦米，我們最親最愛的 Gurudeva！常常思念著他，所以也能約略地感受到與奎師那分離的滋味。有時，在唸誦聖名的冥想中分心後回神，才品嚐到與「奎師那」重新連結的真實滋味，更警醒到「已離開奎師那，在生死輪迴中很久很久……」

正如他的名字「塔茂．奎師那」所示：「塔茂」是生長在聖地溫達文的一種樹，樹身藍中帶黑，像極了奎師那的膚色。所以，五千年前的溫達文，每天，總有許多牧牛姑娘倚在這塔茂樹旁，默默地思念著奎師那。

Gurudeva，塔茂．奎師那．勾斯瓦米，因為有您作為依靠，許多人才能體會這種至高的冥想——「思念」最有吸引力的「奎師那」！這是至高的「思想、感覺、願望」，能淨化一切不潔，恢復我們「對奎師那純粹的愛」（Krishna Prema）。

不管今後我們會過著怎樣的靈修生活，會如何地離開這必死之軀，我們只有一個願望：永遠追隨您的蓮花足，自己修練並與人分享這完美的「奉愛瑜伽」！

註解

註 1：《永恆的柴坦亞經》中篇 20.254（p44）
註 2：《永恆的柴坦亞經》中篇 20.117（p51）
註 3：Jabalopanisad 4.1（p75）
註 4：《瑜伽飲食養生全書》第 80 頁（p100）
註 5：satapatha-brahmana（p100）
註 6：http://numberquest.com/index.php（p101）
註 7：《薄伽梵歌——瑜伽奧義書》第 116 頁（p109）
註 8：《薄伽梵往世書》第 3 篇第 31 章（p113）
註 9：Mirage of Health: Utopia, Progress and Biological Change（p116）
註 10：Manly P. Hall, Paracelsus：His Mystical and Medical Philosophy, Philosophical Research Society, (Los Angeles, CA) 1997, page 35.（p136）
註 11：Rivault Philippe, Sordon Luc, The Book of Samskaras:Purificatory Rituals for Successful Life, 1997, Rekha Printers Pvt. Ltd., New Delhi - 110020)（p137）
註 12：《嘎茹達往世書》1.115.6（p141）
註 13、註 19、註 33：Basic Bhagavad Gita/An Introduction to Bhagavat Vedanta, Page 90, 91（p148, 171, 245）
註 14、註 15、註 17：So It Happens（p163, 165, 166）
註 16：自由時報 2008/11/05 編譯鄭曉蘭／綜合報導（p165）
註 18：《摩訶婆羅多》Vidura to Dhritarastra（p170）
註 20：《至尊奧義書》第 14 節詩（p214）
註 21：《最後一堂瑜伽課：薄伽梵歌第 15 章的故事》第 168、178 頁（p217）
註 22：《卡塔奧義書》1.2.20（p217）
註 23：《Mundaka 奧義書》3.1.1（p218）
註 24：Vishnu Purana 6.5.47（p221）
註 25：Steven J. Rosen, From Nothingness to Personhood：A Collection of Essays on Buddhism From a Vaishnava-Hindu Perspective, Rasbhihari Lal & Sons, (2003)（p223）
註 26：《卡塔奧義書》2.2.13（p224）
註 27：《梵天讚美詩》5.1 (p233)
註 28：http://www.msnbc.msn.com/id/6688917/（p235）
註 29：以賽亞書 12.4-5（p236）
註 30：《摩訶婆羅多》Udyoga Parva 71.4（p236）
註 31：H. Spencer Lewis, The Mystical Life of Jesus p. 220（p236）
註 32：Steven Knapp, The Bible Teaches Chanting God's Names , http://stephen-knapp.com/bible_teaches_chanting_gods_names.htm（p237）
註 34：《至尊奧義書》首句詩（p262）
註 35：《薄伽梵歌——瑜伽奧義書》第 107 頁（p266）
註 36：Narada-pancaratra：hrisikena hrisikesha-sevanam bhaktir ucyate（p267）
註 37：Brihan-naradiya Purana 3.8.126（p275）
註 38：《至尊奧義書》第五節詩（p279）
註 39：摘譯自 His Holiness Radhanatha Swami 的演講（p300）
註 40：摘譯自 His Holiness Radhanatha Swami 的演講（p309）

參考書目

關於《薄伽梵歌》
* Srila Vishvanatha Chakravarti Thakura,《Srimad Bhagavad-gita》, (Translated into English by Bhanu Swami) The Parampara Publishers (2003)
* Srila Baladeva Vidyabhusana,《Commentary on the Bhagavad-Gita》, (Translated into English by Bhanu Swami) Sampradaya Publishers
* A.C.Bhaktivedanta Swami Prabhupada,《Bhagavad-Gita As It Is》, BBT, (1989),
* Sravaniya Dipecararo,《Basic Bhagavad Gita/An Introduction to Bhagavat Vedanta》, Body & Soul Limited (2006)
* Bhurijana dasa，《Surrender Unto Me：An Overview of the Bhagavad-gita》，Vaisnava Institute for Higher Education (1997)
* 楊逢財、江信慧，《薄伽梵歌：瑜伽奧義書》，奎師那出版社 (2009)

關於《摩訶婆羅多》
* Krishna Dharma,《Mahabharata: The Greatest Spiritual Epic of All Time》, Torchlight Publishing, (1999)
* Purnaprajna,《Mahabharata：Of Krishna Dvaipayana Vyasa》, (2001)
* 毗耶娑著，黃寶生譯，《印度史詩摩訶婆羅多》，貓頭鷹出版，(2005)

關於《薄伽梵 往世書》
* A.C.Bhaktivedanta Swami Prabhupada,《Srimad Bhagavatam》, BBT, (1982)

關於《瑜伽經》
* B.K.S. Iyengar,《Light on the Yoga Sutras of Patanjali》, South Asia Books; 1 edition (August 1, 1993)
* T.K.V. Desikachar,《The Heart of Yoga: Developing A Personal Practice》, Inner Traditions, (1995)

關於「數字學」
* http://numberquest.com/index.php

其他
*《永恆的柴坦亞經》：Krishnadasa Kaviraja Goswami,《Shri Chaitanya-charitamrita》, told by Purnaprajna das(2001)
* Romapada Swami, http://www.romapadaswami.com
* Bhanu Swami, http://mayapur.com/node/1028
* Stephen Knapp, http://www.stephen-knapp.com/
* Ravindra Svarupa dasa, "So It Happen" http://soithappens.com/

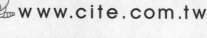

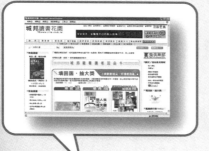

國家圖書館出版品預行編目資料

印度智慧書：認識《薄伽梵歌》的第一本書／楊逢財，江信慧著. ——初版. ——臺北市：商周出版：家庭傳媒城邦分公司發行, 2009.05
面； 公分. ——（View point；29）
參考書目：面
ISBN 978-986-6472-61-9（平裝）

1. 印度哲學 2. 生死觀 3. 死亡

137.84 98006318

View point 29

印度智慧書 認識《薄伽梵歌》的第一本書

作　　者／楊逢財、江信慧
選書企劃人／彭之琬
責任編輯／徐藍萍

版　　權／林心紅
行銷業務／蘇魯屏、林彥伶
副總編輯／黃靖卉
總 經 理／彭之琬
發 行 人／何飛鵬
法律顧問／台英國際商務法律事務所 羅明通律師
出　　版／商周出版
台北市104民生東路二段141號9樓
電話：(02) 25007008 傳真：(02)25007759
E-mail：bwp.service@cite.com.tw
發　　行／英屬蓋曼群島商家庭傳媒股份有限公司 城邦分公司
台北市中山區民生東路二段141號2樓
書虫客服服務專線：02-25007718；25007719
服務時間：週一至週五上午09:30-12:00；下午13:30-17:00
24小時傳眞專線：02-25001990；25001991
劃撥帳號：19863813；戶名：書虫股份有限公司
讀者服務信箱：service@readingclub.com.tw
城邦讀書花園：www.cite.com.tw
香港發行所／城邦（香港）出版集團有限公司
香港灣仔駱克道193號東超商業中心1樓_ E-mail:hkcite@biznetvigator.com
電話：(852) 25086231 傳眞：(852) 25789337
馬新發行所／城邦（馬新）出版集團【Cite (M) Sdn. Bhd. (458372U)】
11, Jalan 30D/146, Desa Tasik, Sungai Besi,
57000 Kuala Lumpur, Malaysia
電話：（603）90563833 傳眞：（603）90562833

封面設計／李東記
排　　版／極翔企業有限公司
印　　刷／韋懋印刷事業有限公司
總 經 銷／聯合發行股份有限公司 電話：(02) 29178022 傳眞：(02) 29156275

Printed in Taiwan

■2009年5月12日初版
定價300元

城邦讀書花園
www.cite.com.tw

 ISBN 978-986-6472-61-9

商周出版

廣　告　回　函
北區郵政管理登記證
北臺字第000791號
郵資已付，免貼郵票

104　台北市民生東路二段141號2樓

英屬蓋曼群島商家庭傳媒股份有限公司城邦分公司　收

請沿虛線對摺，謝謝！

商周出版

書號：BU3029	書名：印度智慧書	編碼：

請於此處用膠水黏貼

商周出版

讀者回函卡

謝您購買我們出版的書籍！請費心填寫此回函卡，我們將不定期寄上城邦集
最新的出版訊息。

姓名：________________

性別：□男　□女

生日：西元 ________ 年 ________ 月 ________ 日

地址：________________

聯絡電話：________________　傳真：________________

E-mail：________________

職業：□1.學生 □2.軍公教 □3.服務 □4.金融 □5.製造 □6.資訊
□7.傳播 □8.自由業 □9.農漁牧 □10.家管 □11.退休
□12.其他 ________________

您從何種方式得知本書消息?

□1.書店□2.網路□3.報紙□4.雜誌□5.廣播 □6.電視 □7.親友推薦
□8.其他 ________________

您通常以何種方式購書?

□1.書店□2.網路□3.傳真訂購□4.郵局劃撥 □5.其他 ________

您喜歡閱讀哪些類別的書籍?

□1.財經商業□2.自然科學 □3.歷史□4.法律□5.文學□6.休閒旅遊
□7.小說□8.人物傳記□9.生活、勵志□10.其他 ________

對我們的建議：

____

____

____

____

請於此處用膠水黏貼